엄마 아빠는 이야기꾼

날마다 세계명작

엄마 아빠는 이야기꾼

날마다 세계명작

김지영 지음

고래북스
LIKE A WHALE IN THE OCEAN

머리말

아이의 평생을 함께 할 엄마 아빠의 추억 만들어주기

어쩌지, 어쩌지, 내가 그걸 어떻게 해, 아유, 나도 몰라몰라.

동화작가니까 당연히 이야기를 글로 쓰는 거라고만 생각해왔는데 난데없이 이게 뭐람, 아유 어떡해, 어떡해.

아이들을 대하기 며칠 전부터 나는 밤에 잠이 안 왔다. 초등학생이 된 막내딸 학교에서 스무 명이 넘는 아이들에게 책읽어주기, 말로 이야기해주는 일을 하게 된 거였다.

어린 시절 나는 이야기를 무척이나 좋아하는 아이였다. 할머니가 해주시는 옛이야기와 아버지가 해주시는 지난 이야기들에 나와 동생들의 눈은 저녁마다 초롱초롱 개밥바라기별이 되었다.

초등, 중학생을 거치면서 들은 화랑들의 이야기, 항우장사와 우미인 이야기, 그리고 책을 통해 봤던 그리스 로마의 울고 웃고 싸우고 질투하고 사랑하는 신들 이야기, 꼬마 제제의 비밀 친구 라임오렌지 나무와의 우정 이야기…. 정말 우리가 사는 이곳은 온통 이야기 세상이었다.

그 이야기들은 나에게 호기심 많고 예술을 아는 사람이 되라고 부추겼고, 힘겹고 어려운 일이 밀려올 때는 '뭐, 그럴 수도 있지. 나보다 더 힘

들게 살던 사람들도 많던데 뭘' 하는 여유를 선물했다. 그리고 옛날 사람들은 이럴 때 어떻게 했더라 하는 해결의 실마리를 주기도 했다.

"선생님, 그래서요? 그래서 어떻게 되었는데요?"

내 눈앞에 스물일곱 명, 54개의 개밥바라기별이 반짝반짝 빛난다.

예쁘구나, 참 예쁘구나.

몇 십 년 전에 나와 동생들도 할머니와 아버지 앞에서 아마 저런 눈빛으로 그 분들의 이야기를 들었을 테지. 그 분들도 우리의 눈빛을 보며 지금의 나와 똑같이 '예쁘구나, 참 예쁘구나'라는 생각을 하셨겠지.

글로 전하는 이야기가 아니라 읽어주고, 직접 말로 해주는 이야기를 아이들이 이토록 좋아한다는 걸 왜, 왜 잊고 있었을까? 나도 그렇게 좋아했으면서.

나는 결점이 많은 사람이지만 아주 작은 장점이라도 그것을 소중하게 여기는 사람으로 자랐다. 아마도 어릴 때부터 내 주위를 감싸고 있던 이야기들의 영양분 덕분이 아닐까 한다.

내 아이들도 앞으로 몇 십 년을 살아가면서 수많은 어려움과 힘듦과, 또 그만큼의 기쁨과 행복을 만나게 될 것이다. 돌이켜보면 내가 어릴 때 읽은 책과 들었던 이야기는 어려울 때 힘이 되어 주었고, 기쁠 때 함께 나누는 방법을 알려주었다.

기다림, 오랜만에 느껴보는 설렘.

초딩들에게 책을 읽어주고 이야기해 주러 가는 시간을 기다리는 이 설렘.

내 아이들도 이렇게 이야기 속에서 자랐으면 좋겠다는 생각으로 이 책을 만들었다.

아이들에게 책을 어떻게 읽어주고, 이야기를 어떻게 해주어야 할지 몰라 막막하던 처음과 달리 딱 하루가 지나자, 아이들과 함께 하는 이야기 시간을 내가 더 기다리게 될 거라는 느낌이 들었던 것처럼 여러분도 분명히 훌륭한 이야기꾼이 될 것이다.

아이에게 처음으로 이야기를 해주는 분들께는 내가 경험으로 알게 된 '이야기 재미있게 하는 방법' 들을 1장에는 간략하게, 부록에는 자세하

게 적어두었으니 참고하길 바란다. 아울러 이 책은 아이들이 보는 책이 아닌 부모가 보는 책이라는 점도 말씀드린다. 엄마 아빠가 먼저 보고 소화를 시킨 뒤 아이들에게 말로 이야기해주는 책이다. 직장일로 바쁜 분들은 점심이나 출퇴근시간 때 한 편을 읽은 뒤 퇴근 후 아이에게 해줄 수 있도록 하였다.

경험으로 봤을 때 아이들에게는 이야기의 길고 짧음, 쉽고 어려움이 전혀 문제되지 않았다. 엄마 아빠의 목소리가 모든 것을 해결해주었다. 이 책을 통해 내 아이에게 책 한 권을 휙 던져주는 것과, 그 책 내용을 내 목소리로 직접 이야기해주는 것의 차이를 꼭 한 번 느껴보길 바란다. 아이의 표정이 어떻게 달라지는지, 아이의 눈빛이 어떻게 반짝이는지, 이야기가 끝난 뒤 아이가 살며시 엄마 아빠를 잡는 손이 얼마나 따뜻해지는지 알게 될 것이다. 아울러, 우리 아이들이 딱딱한 활자가 아닌 살아있는 사람의 목소리가 해주는 이야기를 얼마나 그리워하고 있는지 많은 사람들이 알았으면 좋겠다.

조금 서툴면 어떤가, 엄마 아빠인데.

줄거리 한 부분을 빼먹으면 어떤가, 엄마 아빠인데.

이야기가 재미없으면 어떤가, 엄마 아빠인데.

아이들은 엄마 아빠랑 마주앉아 이야기를 듣는다는 '그것' 만으로도 충분히 행복해 한다. 그리고 엄마 아빠에 대한 따뜻한 추억과, 이야기로 배우는 드넓은 삶의 지혜가 마음 창고에 차곡차곡 쌓여갈 것이다. 엄마 아빠가 쌓아준 그 재산은 내 아이 평생 동안 큰 힘이 되어 줄 것이다.

끝으로, 10여 년 전 동화 강좌를 들으며 작가를 꿈꾸던 세 아이의 엄마이며 직장 맘인 내게, '샘은 꼭 할 수 있어요' 라며 응원해주신 황보 현순 선생님께 감사의 마음을 전한다. 소설가 해이수 선생님은 내게 '작가의 자세란 어때야 하는가'를 자신의 삶을 통해 몸소 일깨워 주셨다. 또 사랑 유치원의 장이순 원장님은 놀이와 스토리텔링을 통해 아이들의 창의성이 얼마만큼 높아질 수 있는지 알려주셨다. 멘토가 되어주신 이 분들과 함께한 시간이 없었다면 지금의 나도, 이 책도 없었을 것이다. 돌이켜보면 이 세 분은 멋진 이야기 솜씨를 가진 타고난 이야기꾼들이었다.

김포에서 김지영

CONTENTS

3 예쁘고 예쁜 공주 이야기

4 멋지고 멋진 왕자 이야기

부록 내 아이에게 이야기 재미있게 해주는 방법

1

내 아이에게 이야기 재미있게 해주는 방법

내가 아이에게 이야기를 재미있게 해준다고? 에이, 그건 구연동화 하는 분들이나 선생님들이 하는 거지 내가 어떻게. 그리고 난 일하느라 시간도 없고.

맞아요. 지금까지 아이에게 옛이야기를 해준 적이 없는 부모라면 무엇부터 시작해야 할지 막막할 거예요. 또 직장 일을 하는 부모들이라면 시간 내기도 쉽지 않겠지요.

하지만 기본적인 몇 가지만 알면 어려울 게 하나도 없어요. 우리가 어렸을 때 할아버지, 할머니한테 이야기 들으며 이미 다 경험했던 것들이니까요. 그리고 우리가 뭐 이 길로 나서서 전문 이야기꾼이 되려는 것도 아니잖아요. 또 직장 일로 시간 내기가 어려우면 점심시간, 아니면 출퇴근하는 버스나 지하철 안에서 이 책에 있는 이야기를 하루에 한 가지씩만 읽으면 충분해요.

그러니 겁내지 말고 일단 시작해보아요. 혹시 알아요? 그 동안 나도 모르게 내 안에 숨겨져 있던 이야기꾼 기질이 분수처럼 터져 나올지.

내 아이에게 이야기 재미있게 해 주는 방법은 몇 가지 기법만 알면 됩니다. 아래 내용을 몇 번 반복해서 읽어보면 금방 터득할 수 있을 거예요.

그리고 아래 내용을 좀 더 자세히 알고 싶으면 책 뒷부분 부록 편을 보세요. 보다 자세히 설명해놓았으니 시간을 내서 꼭 읽어보길 바래요.

1. 부모가 아이에게 이야기를 많이 해주어야 하는 이유

혹시 작가이며 철학자, 더 나아가 과학 분야까지 넘나들었던 독일의 괴테를 아세요? 그는 스스로 '어머니는 나에게 이야기의 즐거움을 알려주셨다'고 했어요. 괴테의 무한한 상상력을 키워준 건 매일 밤 이야기를 들려주던 이야기꾼 어머니였던 거예요.

믿기 어렵겠지만 뇌세포가 생성되는 시기의 아이에게는 학습서를 열 번 읽는 것보다, 좋은 이야기 한 편을 들려주는 것이 더 좋을 수 있어요. 그래서 아이에게는 무조건 이야기를 많이 해주는 것이 좋아요. 여러분이 생각지도 못했던 너무너무 많은, 그리고 아이의 평생 동안 이어지는 큰 효과가 있기 때문이죠. 다음은 이미 알려져 있는 효과 몇 가지를 알려줄게요.

- 부모와 아이 사이가 정서적으로 가까워져요.
- 아이의 윤리관, 가치관 형성에 아주 큰 영향을 끼쳐요.
- 아이의 상상력 IQ를 높여줘요.
- 아이의 언어 구사 능력, 그러니까 표현력(말하기, 읽기, 쓰기 등)이 저절로 키워져요.
- 형제, 친구, 이웃 등 공동체 관계에 대해 알게 돼요.

- 아이가 책을 좋아하게 돼요.
- 고난을 극복하는 내성을 키워줘요.
- 말랑말랑하고 부드러운 감성을 갖게 해줘요.
- 간접경험을 통해 또래들보다 훨씬 많은 삶의 지혜를 얻게 돼요.
- 부모가 잔소리를 적게 해도 되는 아이로 자라요.

2. 내 아이에게 이야기를 해 주기 전에 준비해야 할 것들

1) 내 아이에게 해줄 이야기 고르는 방법

- 많이 알려진 유명한 이야기를 고릅니다.
- 즐겁고 밝은 이야기를 고릅니다.
- 스토리 구성이 단순하게 일직선(과거→현재→미래)으로 된 쉬운 이야기를 고릅니다.
- 착하면 복을 받고 나쁜 일을 하면 벌을 받는 윤리적인 내용을 고릅니다.
- 교육을 목적으로 하는 내용은 피합니다.
- 치우친 가치관, 그러니까 특정 종교 혹은 그 사회 가치관과 이질적인 내용은 피합니다.

2) 이야기해줄 분량을 미리 정하세요

내 아이의 나이나 환경에 따라 이야기해주는 시간을 미리 정해야 해요. 보통 7살 이전은 5분 이내, 초등 1~3학년은 5~10분, 4~6학년은 10분 정도가 적당합니다. 그리고 세계 명작처럼 분량이 많은 경우엔 1부, 2부, 3부 등으로 나누어 오늘 10분, 내일 10분 방식으로 해주면 됩니다.

3) 부모 자신이 평소에 이야기책을 소리 내어 읽는 연습을 하세요

아이에게 해줄 이야기를 미리 책으로 읽을 때 그냥 소리 내어 읽으면 돼요. 이때도 국어책 읽듯이 하지 말고 누군가에게 읽어준다는 생각으로 읽으세요.

4) 혼자 이야기하는 연습을 하세요

이야기책 줄거리를 소리 내어 읽어 기억한 후에는 혼자 이야기하는 연습을 합니다. 눈앞에 있는 가상의 누군가에게 이야기해준다는 기분으로 하고, 거울을 보면서 표정 연습, 몸짓 연습을 하며 이야기를 해봅니다.

5) 자신이 하는 이야기를 녹음하여 들으세요

스마트폰 등으로 녹음해서 들어보면 자신도 몰랐던 자기 목소리의 장단점을 알 수 있어요.

6) 부모가 이야기를 좋아해야 아이들도 좋아해요

부모가 이야기를 좋아한다는 걸 아이가 느끼면 아이는 덩달아 이야기를 좋아하게 됩니다.

7) 아이와 이야기 놀이를 한다고 생각하세요

이야기를 잘 하겠다는 부담을 가지면 실수가 많아져요. 그러니까 그냥 '사랑하는 아이와 논다'는 마음가짐으로 시작합니다.

8) 부모가 이야기를 많이 알수록 좋아요

바쁜 직장생활에 쉬운 일은 아니겠지만 그래도 엄마 아빠가 이야기를 많이 알면 알수록 해줄 이야기가 많아집니다.

3. 아이에게 이야기를 재미있게 하는 방법

세상에 이야기를 싫어하는 아이는 없어요. 그건 본능이거든요. 그런데 같은 이야기도 더 재미있게 해주는 방법이 있답니다.

1) 책에 쓰인 '글말'과 말로 해주는 '입말'은 달라요.

① 책에 쓰인 글말의 어투(형식)를 입말로 바꿔주세요

책에 쓰여 있는 '글말(문어체)'도 그렇고, 흔히 구연동화라고 하는 방식도 현장감이 떨어지는 건 마찬가지에요. 그러므로 부모가 먼저 이야기를 숙지한 뒤 평상시의 '입말'로 이야기해주는 방식이 가장 좋아요. 글말을 입말로 바꾸는 간단한 방법은, 글말의 말끝에 쓰이는 '~했습니다. ~무엇일까요?, ~하렴' 등을 '~했대, ~뭘까?, ~하면 좋지' 등등 평소에 쓰는 말로 바꿉니다.

② 글말의 내용을 입말 내용(개작)으로 바꿔주세요.

앞에서는 '형식'을 바꾸는 거였고 이번에는 '내용'을 바꾸는(개작) 방법입니다.

- 이야기의 배경 등을 아이들이 이해할 수 있게 바꿀 수 있어요.
- 이야기에 등장하는 소도구, 물건 등등 역시 아이들 수준에 맞게 바꿀 수 있어요.
- 결말에 영향을 끼치지 않은 한도에서 내용의 순서를 바꿀 수 있어요.
- 등장인물의 말투나 행동 방식을 바꿀 수 있어요. 그런데 바꾸지 말아야 하는 부분도 있습니다.
- 큰 틀의 줄거리를 바꾸면 안 됩니다.
- 그 이야기의 기본 주제를 바꾸면 안 됩니다.

2) 아이가 재미없어 하는 부분은 짧게 지나가고, 좋아하는 부분에서는 과장되게 내용을 더 첨가하는 등 아이의 반응을 보고 그때그때 이야기 방식, 내용 등을 변화시켜요.

3) 책으로 쓸 때는 스토리의 개연성이 중요하지만 말로 이야기 해줄 때는 재미가 더 중요하므로 개연성에 연연해하지 않아도 됩니다.

4) 이야기할 때는 재미가 가장 중요하므로 교훈을 강조하지 말아야 해요.

5) 이야기 상황에 맞게 감정을 넣고, 등장인물에 따라 말투를 바꿔줘요.

6) 옛시조처럼 단어 글자 수에 맞춰 반복하거나 의성어 등을 반복하면 말에 리듬이 생겨요.

7) 표정 연기를 많이 사용하고, 상황에 맞는 표정, 그리고 자신감 있는 표정을 지어야 해요.

8) 손짓, 발짓 등 몸짓언어(body language)를 활용하면 좋은데 주의 산만, 가벼운 이야기 느낌 등을 줄 수 있으므로 너무 많이 사용하지는 마세요.

9) 이야기를 하면서 스토리 내용에 관해 아이와 대화를 하면 아이를 이야기 속으로 끌어들여 재미를 더해줄 수 있어요. 하지만 스토리 진행에 방해가 될 정도로 자주 하면 안 됩니다.

10) 이야기를 해줄 때는 아이와 시선을 자주 교환하세요.

4. 이야기를 끝내고 할 일

- 이야기는 이야기로 끝내야지 주제, 배울 점 등등 공부와 연관시키면 아이가 고학년이 될수록 이야기나 책 자체를 싫어하게 되니까 주의하세요.
- 방금 한 이야기에 대해 무슨 말이든 자유롭게, 즉 아이와 함께 뒷담화를 하세요.
- 이야기를 끝낸 뒤 아이랑 결말 뒤를 계속 연결시키기 혹은 기억에 남는 부분 그림그리기 등을 함께 해봅니다. 단 강요하면 안 돼요.

5. 내 아이에게 해줘서는 안 되는 이야기들

현재 책으로 나온 거의 모든 옛이야기들은 우리 아이들에게 많은 도움이 됩니다. 하지만 간혹 상업적으로 변질된 이야기도 있는데 몇 가지만 알고 있으면 피해갈 수 있어요.

- 아이들은 무비판적으로 받아들이기 때문에 폭력적, 선정적인 내용은 안 돼요.
- 재미가 아닌 공부를 목적으로 일부러 외래어, 어려운 낱말 등을 사용한 이야기는 아이가 이야기 자체를 싫어하게 만듭니다. 그리고 특히 현장감을 살린다며 비속어 등이 많은 이야기는 안 돼요.

2

재미있는 이야기 속으로

1

과자로 만든 집을 뜯어먹는

헨젤과 그레텔

이야기 요약

가난한 아버지와 새엄마가 헨젤과 그레텔을 숲에 버린다. → 헨젤은 숲으로 가는 길에 조약돌을 계속 떨어뜨려놓아 다시 집을 찾아온다. → 새엄마는 더 깊은 숲에다 아이들을 버린다. → 헨젤이 길에 떨어뜨려놓은 빵조각을 새들이 쪼아먹어 집으로 오는 길을 찾지 못한다. → 헨젤과 그레텔은 숲에서 빵과 과자로 된 집에서 마귀할멈에게 붙잡힌다. → 마귀할멈은 헨젤을 살찌워 잡아먹으려 창고에 가둔 뒤 맛있는 음식을 준다. → 그레텔이 오빠를 구하기 위해 마귀할멈을 화덕으로 넘어뜨린다. → 마귀할멈 집에서 보석을 들고 두 아이는 집으로 돌아온다. → 새엄마는 병에 걸려 죽고 아빠와 함께 행복하게 산다.

등장 인물

- 헨젤 : 여동생 그레텔을 보살피는 의젓한 오빠로 지혜롭고 영리하다.
- 그레텔 : 오빠 헨젤을 잘 따르는 착한 동생으로 마귀할멈에게서 오빠를 구해준다.
- 마귀할멈 : 숲속에 과자집을 지어놓고 아이들을 유인해 잡아먹는 못된 할멈이다. 눈이 잘 안 보이는 대신 냄새를 잘 맡는다.
- 새엄마 : 아이들을 싫어해 숲에 버리는 못된 여자다.
- 아버지 : 헨젤과 그레텔을 사랑하지만 어쩔 수 없이 새엄마 말을 따르는 마음 약한 남자다.

이야기 속으로

옛날옛날 아주 먼 옛날, 멀고 먼 나라 어느 숲속에 가난한 나무꾼이 어린 남매를 데리고 살았습니다.

남매의 오빠 이름은 헨젤이고 여자 동생은 그레텔이었습니다. 헨젤과 그레텔의 엄마는 남매가 어렸을 때 돌아가셔서 지금은 새엄마와 살고 있었습니다. 그런데 헨젤과 그레텔네 집은 아버지가 매일매일 열심히 일했지만 내일 먹을 밥이 없을 정도로 가난했습니다.

"후유, 언제까지 이렇게 가난하게 살아야 할까?"

어느 날 저녁, 잠자리에 들기 전에 아버지가 한숨을 쉬며 말하자 새엄마가 심술궂게 대답했습니다.

"무슨 수를 내지 않으면 우리 네 식구 모두 굶어죽고 말 거예요!"

"무슨 좋은 수라도 있소?"

새엄마는 주변 눈치를 살피더니 목소리를 낮춰서 말했습니다.

"내일 아침 일찍 아이들에게 빵 한 개씩 주고 숲속으로 데려갑시다. 깊은 숲속에다 아이들을 놔두고 우리는 일하러 가는 척 몰래 집으로 돌아오는 거예요."

"에이, 그건 말도 안 되오. 아무리 힘들어도 아이들을 버릴 수는 없소!"

그러자 새어머니는 버럭 화를 내며 토라졌습니다.

"흥, 그렇다면 이제부터 식구 모두 굶어죽을 날만 기다리면 되겠군요."

"아무리 그래도 그렇지 당신은 저 어린 것들이 불쌍하지도 않소?"

아버지는 말은 그렇게 하면서도 힘이 하나도 없었습니다. 그런데 옆방에서 헨젤과 그레텔은 자고 있지 않았습니다. 아버지와 새엄마가 하는 말들을 모두 듣고 있었던 것입니다. 동생 그레텔이 눈물을 주르륵 흘렸습니다.

"오빠, 이제 우리는 어쩌면 좋지?"

"그레텔, 울지 마. 좋은 방법이 있을 거야."

잠시 후 아버지와 새엄마가 잠들자 헨젤은 살그머니 밖으로 나왔습니다. 마당에는 조약돌이 달빛에 반짝이고 있었습니다. 헨젤은 조약돌을 주머니가 불룩해지도록 주워 담았습니다.

다음날, 새엄마는 해가 뜨기도 전에 헨젤과 그레텔을 깨웠습니다.

"오늘은 숲에 땔나무를 하러 가야 하니까 어서 일어나. 그리고 이건 너희들 점심이니 잘 챙겨."

빵 한 개씩을 받아든 헨젤과 그레텔은 아버지와 새엄마를 따라 숲속으로 들어갔습니다. 이전에는 한 번도 가보지 않은 숲속으로 계속 가자, 헨젤은 조약돌 한 개씩을 길에 몰래 떨어뜨리며 갔습니다. 한참을 가자 어두컴컴하고 처음 와보는 깊은 숲속에 다다랐습니다. 아버지가 아이들을 위해 모닥불을 피우자 옆에서 새엄마가 퉁명스럽게 말했습니다.

"얘들아, 우리는 나무를 해야 하니까 너희들은 여기 있어."

아버지와 새엄마가 숲으로 사라진 뒤 점심때가 되자 헨젤과 그레텔은 가져온 빵을 먹었습니다. 둘은 빵을 먹고 나자 배도 부르고 또 아버지를 기다리다 지쳐 깜빡 잠이 들었는데, 오솔오솔 추위가 느껴져 깨어보니 이미 캄캄한 밤이었습니다. 멀리서 늑대 울음소리도 들리자 그레텔은 무서워서 울기 시작했습니다.

"오빠, 이제 집에 어떻게 가."

헨젤은 자기도 속으로는 무서웠지만 용기를 내 말했습니다.

"그레텔, 걱정 하지 마. 달이 뜨면 집으로 가는 길을 찾을 수 있을 거야."

얼마 후 달이 환하게 떠오르자 헨젤은 허리를 숙이고 숲속 바닥 여기저기를 둘러보기 시작했습니다. 그러더니 그레텔한테 외쳤습니다.

"여기 있다. 이제 집으로 갈 수 있어."

그곳에는 헨젤이 아까 숲으로 들어올 때 떨어뜨리면서 온 조약돌이 달빛에 반짝거리고 있었습니다. 조약돌은 길을 따라 쭉 이어져 있었고, 헨젤과 그레텔은 조약돌을 따라 밤새도록 걸어 집에 도착했습니다.

두 아이가 현관문으로 들어서자 새엄마 눈이 동그랗게 커졌습니다.

"너희들, 너희들, 어떻게 그 숲에서 여기까지… 아차!"

새엄마는 자신이 아이들을 버리고 왔다는 걸 실수로 말할 뻔했다가 급히 말을 멈추고 이내 화난 표정이 되어 두 아이를 야단쳤습니다.

"너희들은 왜 그렇게 말썽을 부리니? 어쩌자고 숲에서 잠을 자는 거야? 내가 너희들을 찾으려고 얼마나 고생했는지 알아?"

그때, 아이들 목소리를 들은 아버지가 뛰어나오더니 두 아이를 덥석 껴안았습니다.

"잘 왔다. 잘 왔다. 어디 다친 데는 없니? 어쨌든 잘 왔다."

새엄마와 달리 아버지는 헨젤과 그레텔을 숲에 버리고 온 일이 괴로워 잠도 못자고 걱정하고 있었던 것입니다.

며칠이 지나자 또 먹을 것이 떨어졌습니다. 그날 밤, 새엄마가 다시 아버지한테 투덜거리기 시작했습니다.

"빵이라곤 이제 한 덩이밖에 안 남았어요. 내가 이 집을 나가든지 저 아이들을 내보내든지 당신이 결정하세요."

"빵 한 덩이라도 아이들과 나누어 먹으면 좋지 않소."

아버지의 말에 새엄마는 소리를 빽 질렀습니다.

"몰라 몰라, 나도 몰라. 당신이 알아서 해요. 애들을 내보지 않으면 내가 나가버릴 테니까."

마음씨 고약한 새엄마의 고집에 아버지는 이번에도 어쩔 수 없었습니다. 그런데 헨젤과 그레텔은 옆방에서 그 말을 모두 듣고 있었습니다. 훌쩍이는 그레텔을 달래며 헨젤이 말했습니다.

"조금 있다가 새엄마가 잠들면 마당에 나가 조약돌을 줍자."

잠시 후, 아버지와 새엄마가 잠들자 헨젤은 조약돌을 주우려 일어났습니다. 그런데 방문이 열리지 않았습니다. 조약돌을 못 줍도록 새엄마가 밖에서 방문을 잠가놓았던 것입니다.

다음날, 해가 뜨기도 전에 새엄마가 아이들을 깨웠습니다. 그러더니 지난번보다 훨씬 작은 빵 한 조각을 아이들에게 나누어 주고 숲속으로 데려갔습니다. 이번에는 더 멀리, 더 깊게 들어갔습니다. 그런데 헨젤은 새엄마를 따라가면서 슬쩍슬쩍 빵조각을 작게 뜯어 길바닥에 하나씩 떨어뜨렸습니다.

드디어 처음 와보는 깊은 숲속에 도착하자 새엄마가 갑자기 험상궂은 표정으로 말했습니다.

"내가 다시 데리러 올 때까지 여기서 기다려. 얌전히 기다리고 있지 않으면 혼날 줄 알아."

새엄마는 다시 한 번 눈을 부라린 후에 왔던 길로 사라졌습니다.

점심때가 되자 아이들은 남은 빵을 나누어 먹었습니다. 하지만 헨젤의 빵은 조각조각 내어 길에 떨어뜨리고 오느라 하나도 남지 않았고 그레텔의 빵은 너무 작아 먹은 것 같지도 않았습니다. 그 빵이라도 먹고 나자 깊은 숲까지 오느라 지친 아이들은 졸음이 쏟아져 깜빡 잠이 들었습니다. 아이들이 깨어났을 때는 벌써 캄캄한 밤이었습니다.

이번에도 그레텔이 훌쩍훌쩍 울기 시작했지만 헨젤이 달래서 조금 기다리자 환한 달이 떠올랐습니다.

"그레텔 이제 달이 떴으니까 떨어뜨려놓은 빵조각을 따라가면 집에 갈 수 있을 거야."

하지만 이전 조약돌과 달리 이번에는 길을 찾을 수 없었습니다. 낮에 떨어뜨려놓은 빵조각을 새들이 모두 쪼아 먹었기 때문입니다. 어쩔 수 없이 헨젤은 그레텔의 손을 잡고 숲속을 헤매야했습니다. 사실 헨젤도 어두운 숲속이 무서웠지만 그레텔을 위해 꾹 참고 길을 찾아다녔습니다.

다음 날이 되었지만 끝내 집으로 가는 길은 찾을 수 없었습니다. 헨젤과 그레텔은 다음 날도 하루 종일 굶은 채 숲속을 헤맸습니다. 하루 종일 먹은 거라고는 덤불에서 발견한 산딸기 두세 개가 고작이었습니다.

다시 밤이 되고 다시 아침이 되었습니다. 숲속을 헤매던 헨젤과 그레텔은 이제 배가 고파 더 움직일 수도 없었습니다. 그때, 두 사람 앞에 하얀 새 한 마리가 나타나 아름다운 소리로 지저귀었습니다. 새는 자신을 따라오라는 듯 주변을 뱅글뱅글 돌며 날개를 파닥였습니다.

"오빠, 저 새가 우리한테 따라오라는 것 같아."

두 아이는 남은 힘을 다해 하얀 새를 따라갔습니다. 한참을 가보니 눈 앞에 조그마한 집 한 채가 나타났습니다. 그 집을 본 헨젤과 그레텔의 눈이 둥근 달만큼이나 커졌습니다.

"우와, 그레텔 저 집 좀 봐. 집이 온통 빵이랑 과자로 되어 있어."

정말이었습니다. 그 작은 집 벽은 빵이었고 지붕은 과자, 창문은 사탕으로 만들어져 있었습니다. 그레텔이 잡았던 오빠 손을 놓고 뛰어가며 말했습니다.

"오빠, 오빠는 저기 지붕의 과자를 먹어. 나는 여기 한쪽 벽과 창문을 뜯어먹을 테니까."

헨젤은 지붕의 과자를 뜯어 입에 넣었습니다. 그레텔도 창문 한 귀퉁이를 뜯어내어 오물오물 먹기 시작했습니다. 벽과 지붕, 창문으로 된 과자랑 빵이 얼마나 맛있는지 입에서 살살 녹을 정도였습니다.

헨젤은 지붕 한쪽을 다 뜯어먹었고, 그레텔도 벽 하나를 거의 다 먹었을 때 갑자기 집 문이 벌컥 열리더니 지팡이를 짚은 늙은 할머니가 나왔습니다. 헨젤과 그레텔은 너무 놀라 하마터면 들고 있던 빵을 떨어뜨릴 뻔했습니다. 할머니는 고약하게 생겼는데 말은 다정하게 했습니다.

"몹시 배가 고팠던 모양이구나. 이제 아무 걱정하지 말고 여기서 살자."

할머니는 헨젤과 그리텔을 데리고 집안으로 들어갔습니다. 식탁 위에는 우유와 사탕, 그리고 맛있는 과자와 과일이 잔뜩 차려져 있습니다.

"어때? 먹음직스럽지? 너희들이 마음껏 먹어도 좋단다."

할머니의 말에 두 아이는 여기가 천국이 아닐까하는 생각이 들었습니다. 두 아이는 식탁 위의 음식을 정신없이 먹었고, 하루 종일 숲에서 헤매느라 피곤한데다 배가 부르자 저절로 잠이 쏟아졌습니다.

다음날 새벽, 두 아이가 깊은 잠에 빠져 있을 때 시커먼 그림자가 헨젤이 자고 있는 침대로 다가오더니 소름 끼치는 소리를 했습니다.

"히히, 고놈 참 맛있게도 생겼군."

뒤이어 침을 꿀꺽 삼키는 소리가 들렸습니다. 그런데 그 그림자는 헨젤을 이리저리 살펴보더니 다시 말했습니다.

"엥? 애가 너무 말랐잖아? 이대로는 맛이 없겠어. 옳지, 창고에 가둬두었다가 살이 더 찌면 잡아먹어야겠군."

시커먼 그림자는 갈퀴 같은 손으로 헨젤을 덥석 잡더니 작은 창고에 휙 던져 넣고 철컥 문을 잠갔습니다.

'쿵!'

곤히 잠이 들었던 헨젤은 갑자기 창고 바닥으로 내동댕이쳐지자 잠에서 번쩍 깨어났습니다. 하지만 주변을 둘러보니 자신은 이미 창고에 갇혀 아무 것도 할 수 없었습니다.

헨젤을 가둔 새까만 그림자는 다시 그레텔이 자는 침대로 가서 마구 흔들어 깨웠습니다.

"이 게으름뱅이 계집애야, 어서 일어나 물을 길어 오너라. 네 오빠를 살찌우게 맛있는 음식을 해주어야겠다. 어서 빨리 못 일어나겠니."

맞습니다. 그 시커먼 그림자는 바로 과자집 주인 할머니였습니다. 사실 그 할머니는 아이들을 꾀어다가 잡아먹는 무시무시한 마귀할멈이었던 것입니다. 마귀할멈은 빵과 과자로 만든 집을 만들어놓고 숲에서 길 잃은 아이들을 끌어들였습니다. 아이들을 끌어들일 때는 마법으로 시궁

쥐를 하얀 새로 변신시켜 아이들을 데려오게 했습니다. 그런 무시무시한 마귀할멈이었지만 나이를 너무 많이 먹어 눈이 나빠 잘 볼 수 없었습니다. 그 대신 냄새는 아주 잘 맡아 아이들이 집 근처에 가까이 오면 금방 알아차렸습니다.

마귀할멈은 헨젤을 창고에 가두어놓고 그레텔에게는 온갖 집안일을 시켰습니다. 그레텔은 사람을 잡아먹는 무시무시한 마귀할멈이 무서웠지만 용기를 냈습니다.

'이제 이곳에서 오빠를 구해낼 사람은 나밖에 없어. 기회를 봐서 오빠를 구해내야 해.'

마귀할멈은 매일매일 헨젤에게 맛있는 음식을 해주며 아침이 되면 창고에 가서 소리쳤습니다.

"헨젤, 문틈으로 손을 내밀어보거라. 간밤에 살이 얼마나 쪘는지 보자."

그때마다 헨젤은 말려두었던 고기 뼈다귀를 내밀었습니다. 눈이 나쁜 마귀할멈은 뼈를 만져볼 때마다 고개를 갸우뚱했습니다.

"이상하네. 음식도 많이 주는데 왜 살은 안 찌고 손이 말랐을까?"

어느덧 한 달이 지났지만 헨젤이 문틈으로 내미는 손은 여전히 빼빼 말라 있었습니다. 그러자 화가 난 마귀할멈이 소리쳤습니다.

"그레텔, 물을 끓이거라. 더는 못 기다리겠다. 지금 당장 네 오빠를 잡아먹어야겠다."

깜짝 놀란 그레텔이 눈물이 펑펑 흘리며 울자 마귀할멈이 험악한 표정으로 윽박질렀습니다.

"시끄러워! 네까짓 게 아무리 울어도 소용없다! 빨리 물을 끓이지 않으면 너부터 잡아먹어버리겠다."

그레텔은 어쩔 수 없이 아궁이에 불을 지폈습니다. 잠시 후 마귀할멈은 킁킁 냄새를 맡더니 말했습니다.

"흐음 조금만 있으면 물이 끓겠군. 그레텔 그전에 집 벽을 수리하려면 빵도 구워야겠다. 화덕 뚜껑을 열고 안이 뜨거워졌는지 보아라."

마귀할멈 집의 화덕은 집 지을 빵이랑 과자를 많이 구워야 하기 때문에 사람도 들어갈 수 있을 정도로 컸습니다. 그레텔은 그렇게 큰 화덕 사용법을 잘 몰라 마귀할멈에게 말했습니다.

"할머니, 화덕이 너무 커요. 어떻게 해야 안을 볼 수 있는지 가르쳐 주세요."

"멍청한 계집애 같으니라고! 이렇게 하란 말이다!"

마귀할멈은 화덕 뚜껑을 열고 머리를 들이밀었습니다. 그때였습니다. 그레텔은 이것이 오빠를 구할 수 있는 마지막 기회라고 생각했습니다. 그래서 있는 힘껏 달려와 마귀할멈 등을 떠밀었습니다.

"어, 어, 어."

마귀할멈은 중심을 잡으려고 양팔을 버둥거렸지만 기우뚱하더니 불이 활활 타고 있는 화덕 안으로 넘어지고 말았습니다. 그레텔은 재빨리 화덕 문을 쾅 닫아건 뒤 뒤도 안 돌아보고 창고로 달려가 소리쳤습니다.

"오빠 빨리 나와. 마귀할멈은 화덕 안으로 넘어져 들어갔어. 아마 죽었을 거야."

그레텔이 창고 문을 열어주자 헨젤은 한 달 만에 밖으로 나왔습니다.

겨우 목숨을 구한 남매는 과자집을 나오려다가 마귀할멈 방에서 희미한 빛이 새어나오는 걸 보았습니다. 조심조심 마귀할멈 방으로 들어간 두 사람의 눈이 휘둥그레졌습니다. 그곳에는 보석이 가득 쌓인 보물상자가 있었고, 환한 빛은 그 보석에서 나오고 있었습니다.

"내가 한 달 동안이나 여기서 일을 해줬고, 오빠도 꼼짝 못하고 갇혀 있었으니까 보석을 조금 가져가도 될 거야."

그레텔의 말에 헨젤도 고개를 끄덕였습니다. 두 사람은 양쪽 주머니가 불룩하도록 보석들을 넣고 집으로 향했습니다.

헨젤과 그레텔은 해가 뜨는 집 쪽 방향으로 부지런히 숲길을 걸어갔습니다. 점심때까지 걷다보니 앞에 커다란 강이 있었습니다.

"배도 없는데 이 강을 어떻게 건너지?"

헨젤이 걱정하는 소리를 들었는지 저쪽 강 위에서 헤엄치던 오리 한 마리가 점점 다가왔습니다. 가까이 온 그 오리는 보통 오리보다 훨씬 커서 마치 황소만 했습니다. 두 사람 앞으로 온 오리는 마치 자기 등에 타라는듯 자꾸 등을 내밀었습니다.

"우리더러 자기 등에 타라는 건가 보다."

헨젤과 그레텔이 등에 올라타자 오리는 빠른 배처럼 강을 건너갔습니다. 건너편 강가에 다다르자 오리는 두 아이를 내려놓고 다시 강 쪽으로 헤엄쳐 갔습니다. 헨젤과 그레텔은 멀어져가는 오리한테 손을 흔들며 인사했습니다.

"오리야, 고마워. 네 덕택에 강을 무사히 건넜어."

강 건너편에도 숲은 계속 이어져 있어 두 아이는 다시 또 걸어야 했습니다. 그렇게 계속 저녁때까지 걷자 드디어 저 멀리 아버지가 있는 집이 보였습니다. 헨젤과 그레텔은 힘든 줄도 모르고 뛰어가며 외쳤습니다.

"아버지."

"아빠."

아버지는 아이들 소리를 듣고 집에서 뛰어나왔고, 아이들을 보자 정신없이 뛰어와 덥석 껴안고 눈물을 흘렸습니다.

"그 동안 얼마나 고생이 많았니. 다음날 너희들을 다시 찾으러 숲으로 갔지만 너희들이 그곳에 없어서 매일 찾아다녔단다."

아버지는 숲에 아이들을 버리고 온 것을 후회하고 다음날 곧바로 다시 아이들을 데리러 갔었습니다. 그런데 아이들은 이미 그곳에 없었고, 그날부터 아버지는 헨젤과 그레텔을 찾아 온 숲을 헤매고 다녔던 것입니다. 그리고 아이들을 숲에 버리고 온 날부터 하늘이 벌을 내렸는지 새엄마는 시름시름 앓다가 며칠 만에 죽고 말았습니다.

서로 부둥켜안고 한참을 운 뒤 헨젤과 그레텔이 불룩한 주머니에서 무언가를 주섬주섬 꺼냈습니다.

"그게 뭐니? 주머니에 뭘 그렇게 잔뜩…."

거기까지 말하던 아버지는 입을 다물지 못했습니다. 아이들의 주머니에서 꺼내는 건 값비싼 보석들이었기 때문입니다.

헨젤과 그레텔은 가지고 온 보석을 팔아 큰 부자가 되었고, 아버지와 함께 행복하게 살았답니다.

이야기해준 뒤 아이와 함께

재미있는 부분 그림 그리기

종이와 연필 혹은 크레파스를 준비한 뒤 이야기 중 기억에 남는 부분을 아이와 함께 그려보세요. 예를 들어 '숲속 과자로 만든 집'을 그려봅니다.

아이에게 이야기 다시 듣기

"○○야, 헨젤과 그레텔이 과자로 만든 집을 뜯어먹었다며? 아빠도 그 이야기 듣고 싶은데."

엄마가 해준 이야기를 아이가 아빠에게 해주도록 유도합니다. 반대로 아빠에게 들었으면 엄마에게 해줄 수 있는 환경을 만들어주세요. 아이에게 표현력, 어휘력을 길러주는 가장 좋은 방법이며 이야기가 오래도록 기억에 남게 해줍니다. 아이에게 이야기를 들을 때는 "오오", "그래서?", "우와" 등등 맞장구를 쳐주세요.

2 장화 신은 고양이

이야기 요약

물레방앗간 주인이 세 아들에게 유산을 물려주었는데 막내아들은 고양이를 받았다. → 고양이는 막내아들을 위해 동물을 사냥해 매일 왕에게 바친다. → 왕과 공주가 산책 나오는 시간에 고양이는 막내아들에게 강에 빠지도록 한다. → 왕이 강에 빠진 막내를 구해주자 고양이는 막내가 드카라바 후작이라고 소개한다 → 왕은 넓은 밀밭과 초원이 모두 드카라바 후작 것이라는 농부들의 말을 듣고 놀란다. → 고양이는 그 땅의 원래 주인인 성의 괴물을 생쥐로 변하게 한 뒤 잡아먹는다. → 고양이가 왕에게 그 성이 드카라바 후작의 성이라고 소개한다. → 왕은 막내를 공주와 결혼시킨다.

등장 인물

- 장화 신은 고양이 : 주인을 위해 놀라운 일을 많이 하는 지혜로운 고양이다.
- 막내아들 : 물레방앗간 집 세 아들 중 막내이다. 고양이 덕분에 공주와 결혼한다.
- 괴물 : 큰 성의 주인이며 여러 동물로 변하는 능력을 가졌으나 사람을 잡아먹는 못된 버릇이 있다. 고양이한테 속아 생쥐로 변했다가 잡아먹힌다.
- 왕 : 고양이가 매일매일 바치는 선물을 받고 고양이의 주인인 드카라바 후작에 대해 알게 된다.

이야기 속으로

옛날옛날 아주 먼 옛날, 멀고 먼 어떤 나라에 작은 물레방앗간이 있었습니다.

그 물레방앗간 주인에게는 세 아들이 있었는데, 주인이 나이가 많아 죽을 때 아들들에게 유산을 남겼습니다. 유산은 세 가지였는데 물레방앗간, 당나귀, 그리고 고양이 한 마리였습니다. 아버지의 장례를 치른 뒤 유산을 나누어갖기 위해 세 아들이 모였습니다. 먼저 첫째아들이 당연한 듯이 말했습니다.

"내가 첫째니까 물레방앗간을 갖겠어."

그러자 둘째가 재빨리 말했습니다.

"그럼 난 당나귀를 가져야지."

형들이 물레방앗간과 당나귀를 가지자 남은 건 고양이 한 마리뿐이었고, 그 고양이는 막내 차지가 되었습니다. 막내는 발아래에서 꾸벅꾸벅 졸고 있는 고양이를 보며 투덜거렸습니다.

"이깟 고양이로 뭘 하지?"

주인의 말을 들은 고양이가 고개를 바짝 들고 또랑또랑한 눈빛으로 막내를 쳐다보며 말했습니다.

"주인님, 걱정 마세요. 제가 시키는 대로만 하면 주인님이 얼마나 좋은 유산을 물려받았는지 알게 될 거예요."

고양이의 자신만만한 말에 막내는 어처구니없는 표정으로 고양이를 바라보았습니다. 그러거나 말거나 고양이는 막내에게 다시 말했습니다.

"주인님, 부탁이 하나 있는데요. 저에게 빈 자루 하나와 장화 한 켤레만 주세요."

막내는 고양이가 왜 자루와 장화를 달라는지 몰랐지만 별로 어려운 일이 아니라서 고양이 부탁을 들어주었습니다.

고양이는 장화를 신은 다음 빈 자루를 등에 둘러멨습니다. 그러더니 후다닥 뛰어 숲속으로 들어갔습니다. 숲속에서 이곳저곳을 살피던 고양이는 토끼들이 사는 굴 앞에 벌러덩 누워 죽은 척을 했습니다. 그리고 등에 멨던 빈 자루 입구를 살짝 벌려놓았습니다.

한참을 누워있자 굴 안에 있던 토끼들은 궁금해졌습니다. 왜 처음 보는 고양이가 자기네 굴 앞에서 죽어있는지 몰라 고개를 쑥 내밀고 살펴봤습니다. 기다려도 고양이가 꼼짝 않자 안심한 토끼들이 굴 바깥으로 나와 고양이를 기웃기웃 들여다보았습니다. 토끼 중에는 고양이 등에 있는 자루에 호기심이 생겨 자루 안을 들여다보기도 했습니다. 하지만 자루 안쪽은 깜깜해서 잘 보이지 않자 토끼는 자루 안으로 살짝 들어가 보았습니다. 그때, 죽은 척하고 있던 고양이가 재빨리 자루 끈을 잡아당겨 토끼를 가두었습니다. 자루 안의 토끼가 발버둥을 쳤지만 이미 어쩔 수가 없었고, 고양이는 자루를 둘러메고 왕궁으로 달려갔습니다. 고양이는 임금님 앞에 무릎을 꿇고 정중하게 말했습니다.

"임금님, 이 토끼는 저의 주인인 드카라바 후작이 임금님께 바치는 선물입니다."

살이 토동토동 찐 토끼를 받은 임금님은 기분이 좋았습니다.

"고맙네. 그대의 주인에게 감사하다고 전해주게."

그 다음날부터 고양이는 매일매일 세 달 동안 토끼나 새 등을 사냥해 임금님께 바쳤습니다. 물론 그 선물은 모두 고양이의 주인인 드카라바 후작의 선물이라고 했습니다. 세 달 동안 하루도 빠지지 않고 선물을 가져오자 임금님은 드카라바 후작이 누구인지 몹시 궁금해졌습니다.

'도대체 누구지? 굉장한 귀족인 것 같은데 드카라바는 이름은 들어본 적이 없단 말이야.'

다시 며칠이 지난 뒤였습니다. 그날도 선물을 가지고 왕궁에 왔던 고양이는 신하들이 자기들끼리 하는 소리를 들었습니다.

"임금님이 공주님을 데리고 강가로 산책을 나가신다더군."

고양이는 그 소리를 듣자마자 발이 안 보이도록 빠르게 뛰어와 막내에게 말했습니다.

"주인님, 주인님은 이제부터 드카라바 후작이 되는 겁니다. 드카라바 후작이 되어 강에서 수영을 하고 계세요. 지금부터 무조건 제가 시킨 대로만 하세요. 알았죠? 그리고 임금님이 뭘 물어보면 대답은 하지 말고 살짝 웃기만 하세요."

고양이는 급하게 막내를 이끌고 강가로 갔습니다. 막내는 고양이가 시키는 대로 옷을 벗고 강물로 들어가 수영을 하고 있었습니다. 그러자 고양이는 막내가 벗어놓은 옷을 재빨리 숨긴 뒤 누군가를 기다리는 듯 주변을 두리번거렸습니다. 한참 후, 임금님이 공주를 데리고 강가를 지나가자 고양이가 갑자기 소리치기 시작했습니다.

"사람 살려! 누가 좀 도와주세요. 드카라바 후작이 물에 빠지셨어요."

그 소리를 들은 임금님은, 소리치는 고양이가 그 동안 선물을 바치던 그 고양이란 걸 한눈에 알아보았습니다. 임금님은 즉시 신하들에게 명령했습니다.

"당장 드카라바 후작을 구해 주거라."

수영 잘하는 신하들이 한꺼번에 뛰어들어 막내를 구해내자, 고양이는 임금님에게 드카라바 후작이 물에 빠지게 된 이유를 설명했습니다. 물론 모두 지어낸 말이었습니다.

"길을 가다가 도둑들을 만났는데, 도둑들이 드카라바 후작의 옷을 빼앗은 뒤 강으로 밀쳐 넣고 도망가 버렸습니다."

"어허, 저런 못된 놈들이 있나. 어서 드카라바 후작이 입을 옷을 가져오너라."

임금님이 신하들에게 명령했고, 그 덕분에 막내는 난생처음 멋진 옷을 입고 화려한 왕의 마차도 타게 되었습니다. 막내는 옷을 잘 차려입으니까 진짜 귀족처럼 보였습니다. 공주도 그런 드카라바 후작이 싫지 않았습니다.

막내가 임금님과 인사를 나누는 사이, 고양이는 왕의 행렬을 앞질러 달려갔습니다. 그리고 밀을 수확하고 있는 농부들에게 소리쳤습니다.

"왕이 오셔서 이 밀밭의 주인이 누구냐고 물으면, 드카라바 후작님의 것이라고 말하시오! 그렇지 않으면 내 날카로운 발톱으로 당신들을 가만두지 않겠소!"

잠시 후 왕이 지나가다 넓은 들판에 가득 자란 밀을 보고 농부들에게 물었습니다.

"밀이 아주 잘 자랐구나. 이 밀밭은 누구 것이냐?"

농부들은 모두 입을 모아 대답했습니다.

"드카라바 후작님의 것입니다."

왕은 놀란 눈으로 옆에 앉아있는 막내를 보며 말했습니다.

"그대는 참 좋은 땅을 가졌구려."

막내는 빙긋이 웃기만 했습니다.

고양이는 다시 왕의 행렬을 앞질러 초원으로 달려갔습니다. 그리고 초원에서 말에게 먹일 풀을 베는 농부들에게 소리쳤습니다.

"왕이 오셔서 이 초원의 주인이 누구냐고 물으면 드카라바 후작님이라고 말하시오! 그렇지 않으면 내 날카로운 발톱으로 당신들을 가만두지 않겠소!"

한참 후, 왕의 일행이 도착하였는데 끝이 보이지 않은 초원에서 농부들이 풀을 베고 있었습니다.

"넓은 초원에 풀이 아주 잘 자랐구나. 이 초원의 주인이 누구냐?"

이번에도 농민들은 드카라바 후작님이라고 외쳤습니다. 임금님은 드카라바 후작의 어마어마한 재산에 깜짝 놀랐습니다. 자기보다 더 많은 땅과 곡식을 가졌다고 생각될 정도여서 자기도 모르게 존경심까지 들었습니다.

그러는 사이 고양이는 왕의 행렬을 앞질러 커다란 성 앞에 도착했습니다. 그 성에는 사람을 잡아먹는 괴물이 살고 있는데, 사실 지금까지 지나온 밀밭과 초원 모두는 괴물의 것이었습니다. 괴물은 생김새도 무시무시해서 날카로운 발톱과 커다란 뿔이 머리 양쪽에 나 있고, 입에서는 불을 뿜어냈습니다. 괴물은 마침 친구들에게 줄 잔칫상을 잔뜩 차려놓고 있었습니다.

고양이는 괴물에게 다가가 예절을 갖춰 모자를 벗고 아주 정중히 인사를 했습니다.

"괴물님, 당신은 어떤 동물로든 변할 수 있다던데 거짓말이죠? 세상에 그런 일이 있을 수가 있나요."

고양이가 아무 것도 모르는 척 묻자 괴물이 씩씩거리며 말했습니다.

"무엇이라고? 못한다고? 내 지금 당장 사자로 변해보여 주마."

괴물은 어깨를 으쓱거리더니 기합소리를 '얍'하고 냈습니다. 그러자 괴물이 앉아있던 의자에는 보기에도 무서운 사자가 으르렁거리고 있었습니다.

"으아악, 무서워요."

고양이는 어느 틈에 천장에 거꾸로 매달려 벌벌 떨고 있었습니다. 그 모습을 본 괴물은 통쾌하다는 듯이 껄껄껄 웃더니 다시 본래의 괴물로 변했습니다. 그때서야 긴 한숨을 내쉰 고양이가 다시 바닥으로 내려와 말했습니다.

"정말 대단하시네요. 그런데요. 괴물님은 몸집이 크기 때문에 사자처럼 큰 동물로는 변할 수 있지만 몸집이 조그마한, 그러니까 아주 작은 생쥐나 뭐 그런 걸로는 어렵겠지요? 아무리 괴물님이라지만 이건 아무래도 힘들 거 같은데요."

"뭐라고? 지금 당장 보여주마."

괴물은 다시 한 번 어깨를 으쓱거리더니 기합소리를 '얍'하고 냈습니다. 그러자 이번에는 괴물이 앉았던 의자에 아주 작은 생쥐 한 마리가 앉아 있었습니다.

"찍, 찍. 어떠냐? 이제 믿겠…."

생쥐의 말이 끝나기도 전에 번개처럼 달려든 고양이는 생쥐를 한입에 꿀꺽 삼켜버렸습니다. 고양이에게 작은 생쥐는 한입거리도 안되었습니다. 고양이가 생쥐를 막 잡아먹은 뒤 성문 바깥에 왕 일행이 도착한 소리가 들렸습니다. 그리고 왕이 막내에게 묻는 소리도 들렸습니다.

"이게, 이렇게 큰 성이 바로 당신의 성이란 말이오?"

왕은 으리으리하고 너무도 큰 성을 보고 입을 다물지 못했습니다. 막내는 이번에도 그냥 빙긋 웃기만 했습니다.

그때 성문이 활짝 열리며 고양이가 쪼르르 달려 나왔습니다. 고양이는 임금님 일행 앞에 정중히 고개를 숙이며 말했습니다.

"드카라바 후작의 성에 오신 것을 환영합니다."

임금님은 고양이가 안내하는 길을 따라 성 안으로 들어서면서 입을 다물지 못했습니다. 성은 임금님인 자기네 성보다 더 화려하고 컸습니다. 또 식탁에는 언제 준비해놓았는지 온갖 음식이 가득 차려져 있었습니다. 사실 그 음식은 괴물이 친구들을 위해 준비해두었던 식탁이었습니다. 고양이가 임금님 일행에게 말했습니다.

"여기까지 오시느라 배가 고프실 텐데 어서 맘껏 드십시오. 아, 그리고 공주님은 특별히 드카라바 후작 옆에 자리를 만들어 놓았으니 함께 식사를 하시지요."

공주님은 얼굴이 살짝 붉어졌지만 방긋 웃으며 고양이가 안내해주는 자리로 가서 앉았습니다.

모두들 왁자지껄 음식을 마음껏 먹고, 즐거운 이야기꽃을 피웠습니다. 그리고 식사가 끝나자 임금님은 막내의 손을 잡고 말했습니다.

"드카라바 후작, 내 딸과 결혼해 주시오."

막내도 이번에는 아무 말 없이 웃고만 있지 않았습니다. 고양이가 시키지 않아도 이럴 때는 어떻게 해야 한다는 것쯤은 알고 있었습니다. 막내는 공주를 향해 한쪽 무릎 굽히고 앉아 예의 바르게 말했습니다.

"공주님, 임금님 말씀대로 저와 결혼해주시겠습니까?"

공주는 살짝 미소를 지으며 무릎을 굽혀다 폈습니다. 그리고 막내의 손을 잡아주었습니다. 그걸 본 임금님이 모두가 들을 수 있게 큰소리로 말했습니다.

"방금 공주가 드카라바 후작의 청혼을 허락하였다. 지금 당장 이곳에서 성대한 결혼식을 올리도록 하자."

모든 신하들이 박수를 치며 즐거워했습니다.

그 뒤에 장화 신은 고양이는 어떻게 되었냐구요? 새로 드카라바 후작이 된 막내는 고양이에게 성을 관리하는 벼슬을 내렸습니다. 그리고 고양이는 더 이상 생쥐처럼 작은 동물을 괴롭히는 시시한 짓은 하지 않았습니다.

이야기해준 뒤 아이와 함께

역할 놀이

아이는 장화 신은 고양이가 되고, 엄마(아빠)는 성에 사는 괴물 역할을 합니다. 이야기 속에 나오는 대로 고양이가 변신을 하라고 하면 엄마는 '짠' 하면서 다른 동물로 변신하는 흉내를 냅니다.

뒷이야기 이어 가기

고양이 덕분에 막내아들은 괴물 성의 주인이 되고 공주와 결혼도 했습니다. 그 뒤 고양이는 성을 관리하는 벼슬을 받았다고 합니다. 그럼 그 뒤에는 어떻게 되었을까요? 아이와 함께 그 다음부터의 이야기를 이어서 만들어보세요.

3 라푼첼의 머리카락은 사다리 머리카락

이야기 요약

부부가 마녀의 정원에서 양상추를 훔쳐 먹는다. → 마녀는 부부가 아이를 낳으면 그 아이를 데려가도 좋다는 약속을 받고 용서해준다. → 아이가 태어나자 마녀는 아이를 데려다 이름을 라푼첼로 짓고 계단도 없는 높은 탑에서 기른다. → 라푼첼이 아가씨로 자란 어느 날 이웃나라 왕자가 라푼첼을 만난다. → 마녀는 라푼첼의 머리카락을 자른 뒤 외딴 곳으로 보내고, 왕자는 눈이 멀게 된다. → 왕자는 1년 동안 숲을 헤매며 라푼첼을 찾았고 눈도 다시 보이게 된다. → 두 사람은 아들과 함께 왕궁으로 가서 행복하게 산다.

등장 인물

- 라푼첼 : 부모님이 양상추를 훔쳐 먹은 죄로 어릴 때 마녀에게 잡혀가 탑에서 살다가 왕자를 만났다. 어려움을 이겨내는 굳센 아가씨다.
- 마녀 : 자신의 정원에서 양상추를 따먹은 부부의 아기를 데려간다. 못된 남자들을 미워한다.
- 왕자 : 라푼첼을 사랑하지만 마녀에게 들켜 두 눈을 잃는다. 1년 동안이나 라푼첼을 찾아다닌다.
- 라푼첼의 부모 : 마녀의 양상추를 훔친 죄로 갓난아이를 빼앗기는 가난한 부부다.

이야기 속으로

옛날옛날 아주 먼 옛날, 멀고 먼 어느 나라에 가난한 젊은 부부가 살고 있었습니다.

그 부부에게는 한 가지 소원이 있었는데, 바로 아이가 있었으면 하는 것입니다. 부부는 아이를 갖기 위해 좋다는 약도 먹어보고 매일매일 기도도 해보았지만 아이가 생기지 않았습니다. 부부는 아이가 없어 매일 심심하게 지내야 했습니다.

부부가 사는 집 옆 언덕 위에는 마녀가 사는 집이 있었습니다. 마녀의 집 주변에는 담장이 높게 쳐 있어 아무도 들어갈 수 없었는데 어느 날, 그 집 옆을 지나던 아내가 무심코 담장 안을 들여다보았습니다.

"어머나, 저렇게 탐스러운 양상추도 있었네."

담장으로 가려진 마녀의 집 정원에는 맛있게 생긴 양상추가 무럭무럭 자라고 있었습니다. 하지만 마녀의 허락없이 함부로 정원에 들어가면 혼이 난다는 걸 알기 때문에 아내는 침만 삼키며 돌아왔습니다. 그런데 집에 와서도 계속 그 양상추 생각만 났습니다. 아내가 힘없이 앉아 있자 걱정이 된 남편이 물었습니다.

"여보, 왜 그래요? 무슨 일 있어요?"

아내는 처음엔 말하지 않으려고 했지만 계속 양상추가 먹고 싶어 어쩔 수 없이 말했습니다.

"낮에 마녀의 정원에 자란 양상추를 봤는데 얼마나 탐스러운지 몰라요. 그 양상추가 너무너무 먹고 싶어요."

남편도 마녀의 정원에 가면 안 된다는 걸 알았지만 아내가 그렇게 먹고 싶어하자 용기를 내 정원 담을 넘어 들어갔습니다. 그리고 몰래 양상추를 따와 아내와 함께 싱싱한 양상추 샐러드를 만들어 먹었습니다.

"여보, 이렇게 싱싱하고 달콤한 양상추 샐러드는 처음 먹어봐요."

그런데 그게 끝이 아니었습니다. 아내는 한번 양상추를 먹고 나자 며칠 후에 또 먹고 싶어졌습니다. 아내가 힘없이 앉아 있는 걸 본 남편은 다시 마녀의 정원에 들어갔습니다.

'이번 한번만 더 양상추를 가져가는 건 괜찮을 거야.'

남편은 양상추 하나를 골라 조심조심 따내는 순간, 바로 앞에 마녀가 나타나 무서운 얼굴로 호통을 쳤습니다.

"네가 감히 내 정원에 들어와? 게다가 내 소중한 양상추를 훔쳐 가? 도저히 용서할 수 없다."

무서운 마녀를 본 남편은 손에 들었던 양상추를 내던지고 무릎 꿇고 빌었습니다.

"잘못했습니다. 아내가 양상추를 너무 먹고 싶어 해서 어쩔 수 없이 하나만 땄습니다. 한번만 용서해주세요."

남편이 빌자 마녀는 남편을 물끄러미 쳐다보더니 말했습니다.

"너희 부부가 매일매일 아이를 갖게 해달라고 빈다는 걸 나는 알고 있다. 이제 여기서 자란 양상추를 먹었으니 곧 아이를 갖게 될 거야. 아이를 낳게 되면 나에게 준다고 약속을 하거라. 그렇지 않으면 내 양상추를 훔쳐먹은 죄로 너는 물론이고 네 아내도 용서하지 않겠다."

마녀가 너무너무 무서웠던 남편은 앞뒤 생각할 겨를도 없이 그렇게 하겠다고 대답했습니다. 남편의 대답을 들은 마녀가 만족한 듯이 씩 웃더니 아까 남편이 딴 양상추를 주며 말했습니다.

"이건 너에게 주마. 네가 땄으니 가져다가 아내와 함께 먹도록 해라."

남편은 집으로 돌아왔지만 아내가 해주는 양상추 샐러드를 먹을 수가 없었습니다. 아까 무시무시한 마녀의 호통에 정신이 없어 태어날 아이를 마녀에게 준다고 약속해버렸기 때문입니다. 남편은 한숨만 푹푹 내쉴 뿐이었습니다.

열 달 후, 부부에게는 정말 예쁜 딸이 태어났습니다. 아기가 얼마나 귀여운지 매일매일 꼭 껴안아주고 싶을 정도였습니다. 그런데 아기가 태어난 지 며칠 후에 마녀가 찾아왔습니다.

"약속대로 아이를 내게 다오."

"싫어요. 절대로 줄 수 없어요."

아내가 아이를 끌어안으며 소리쳤습니다. 하지만 그럴 줄 알았다는 듯이 씨익 웃은 마녀는 지팡이로 아내의 몸을 툭 건들었습니다. 그러자 아내는 이내 잠이 들었고, 마녀는 아이를 데리고 사라졌습니다. 남편은 눈물을 뚝뚝 흘리며 지켜볼 수밖에 없었습니다.

아이를 데려온 마녀는 깊은 숲속으로 들어갔습니다. 그곳에는 어른 키의 열 배나 되는 높은 탑이 있는데 그곳에 아이를 가두어놓고 길렀습니다. 또 아이에게 '라푼첼' 이라는 이름도 지어주었습니다.

그렇다면 왜 마녀는 아이를 깊은 숲속 높은 탑에 가두어서 기를까요? 그건 마녀가 겪었던 아픔 때문입니다. 마녀는 젊었을 때 사랑하는 청년이 있었습니다. 하지만 그 청년은 마녀가 싫다고 멀리 떠났습니다. 그 뒤로 마녀는 남자들을 미워하게 되었고, 남자들은 여자를 괴롭힌다고 믿어 남자들이 올 수 없는 곳에서 아이를 키우게 되었던 것입니다.

라푼첼은 마녀를 엄마라고 부르며 자랐습니다. 그리고 라푼첼은 커 갈수록 점점 더 아름다워졌는데 특히 반짝이는 머리카락이 길게 자랐습니다. 하지만 라푼첼은 탑 꼭대기 방에서만 살 수 있었습니다. 탑은 높은 데다 계단도 없고 문은 창문 하나가 전부였습니다. 그래서 그곳까지는 아무도 올라갈 수 없어 라푼첼은 매일 외롭게 지냈습니다. 라푼첼은 혼자 노래를 부르며 놀았는데 노랫소리가 아주 아름다웠습니다.

마녀는 라푼첼을 찾아올 때 창문 아래서 이렇게 소리쳤습니다.

"라푼첼, 라푼첼.

네 빛나는 머리카락을 내려 보내렴.

내가 계단 삼아 올라갈 수 있도록."

라푼첼의 긴 머리는 눈부시게 아름다웠는데, 창문 아래서 마녀의 목소리가 들리면 라푼첼은 창밖으로 머리카락을 드리워주었습니다. 그러면 땅까지 닿은 머리카락을 붙잡고 마녀는 사다리를 오르듯 탑으로 올라갈 수 있었습니다. 마녀는 라푼첼을 볼 때마다 똑같은 말을 했습니다.

"아가야, 남자는 여자를 불행하게 만든단다. 너는 절대 그런 나쁜 놈들을 만나서는 안 되는 거야. 알았지?"

그런데 생각하지 못한 일이 생겼습니다. 라푼첼이 아가씨로 자란 어느 날, 이웃나라 왕자가 숲으로 사냥을 나왔다가 탑 근처를 지나게 되었습니다. 그때 어디선가 아름다운 노랫소리가 들려왔습니다.

"아, 세상에 이렇게 고운 목소리가 있다니."

왕자는 노랫소리를 따라 갔습니다. 그러자 숲속에 높은 탑이 있고 노래는 그 탑 꼭대기 창문에서 흘러나왔습니다. 하지만 아무리 살펴봐도 탑으로 올라가는 길이 없었습니다. 계단도 없고 사다리도 없고 그렇다고 무슨 줄이 내려와 있지도 않았습니다.

"이상하다. 저 안에 있는 사람은 어떻게 저 높은 곳까지 올라갔을까?"

탑으로 오르는 길을 찾던 왕자는 날이 어두워지자 왕궁으로 돌아갔다가 다음날, 그리고 그 다음날도 다시 왔습니다. 하지만 여전히 탑으로 올라갈 방법은 없었고, 탑 꼭대기에서는 아름다운 노랫소리가 흘러나왔습니다. 며칠째 탑 밑에서 서성거리던 왕자는 누군가 오는 소리를 듣고 얼른 몸을 숨겼습니다.

"어? 저 노파는 누구지? 굉장히 심술궂게 생겼네."

마녀가 라푼첼을 만나러 왔던 것입니다. 왕자가 숨어서 지켜보는 줄 모르는 마녀는 지금까지 하던 대로 탑 아래에서 라푼첼을 불렀습니다.

"라푼첼, 라푼첼.

네 황금빛 머리카락을 내려 보내렴.

내가 계단 삼아 올라갈 수 있도록."

그 모습을 보던 왕자는 놀라 소리를 지를 뻔 하다가 재빨리 자신의 손으로 입을 막았습니다. 노파의 말이 끝나자마자 높은 창문에서 길고 아름다운 머리카락이 내려왔기 때문입니다. 마녀는 머리카락을 사다리 삼아 탑 위로 올라갔습니다.

"아하, 저렇게 올라가는 거였구나."

탑으로 올라가는 방법을 알게 된 왕자는, 그날은 노파가 탑에 있었기 때문에 왕궁으로 돌아갔다가 다음날 다시 탑 아래로 왔습니다. 그리고 어제 마녀가 했던 대로 창문을 향해 외쳤습니다.

"라푼첼, 라푼첼.

네 황금빛 머리카락을 내려 보내렴.

내가 계단 삼아 올라갈 수 있도록."

아니나다를까 곧 머리카락이 내려왔고 왕자는 머리카락을 타고 얼른 탑 위로 올라갔습니다.

"꺄아악, 누구세요?"

마녀가 올라올 줄 알았던 라푼첼은 왕자를 보고 기절할 만큼 놀랐습니다. 태어나서 지금껏 본 사람은 마녀가 전부였기 때문입니다. 게다가 남자를 본 것은 처음이었습니다. 그런데 자세히 보니 지금 눈앞에 있는 남자는 마녀가 말했던 것처럼 나쁜 사람처럼 보이지는 않았습니다. 미안한 듯 미소를 띤 모습도 착해보였습니다. 라푼첼은 두려움 대신 호기심이 생겼습니다.

왕자도 마찬가지였습니다. 탑 꼭대기에 여자가 살고 있을 줄은 몰랐고, 거기에다 아름답기도 하고 아주 착해보였습니다.

"당신은 누구시죠?"

라푼첼의 물음에 왕자는 자신이 이웃나라 왕자이고, 우연히 이곳을 알게 되었다고 설명해주었습니다. 서로를 알게 된 두 사람의 이야기는 밤이 깊도록 끝날 줄 몰랐습니다.

그 후로 왕자와 라푼첼은 마녀의 눈을 피해 몇 달 동안이나 계속 만났습니다. 날이 갈수록 두 사람의 사랑은 깊어졌고, 드디어 왕자가 용기를 내어 말했습니다.

"라푼첼, 나와 결혼해주겠소?"

"네, 저도 왕자님을 사랑해요."

라푼첼의 대답을 들은 왕자는 뛸 듯이 기뻐하며 말했습니다.

"삼 일만 기다려주시오. 내가 삼 일 후에 튼튼한 비단 실을 가지고 오겠소. 그 실을 이용해 그대는 이 탑에서 내려갈 수 있을 것이오. 우리 함께 우리나라 왕궁으로 가서 결혼합시다."

왕자가 떠나자 라푼첼은 손꼽아 3일을 기다렸습니다. 그런데 이틀째 되던 날, 며칠 전부터 라푼첼이 어딘지 이상하다고 생각한 마녀가 고개를 갸웃거리며 라푼첼의 배를 쳐다보았습니다. 밥을 많이 먹었다고 하기에는 배가 너무 불러 있었습니다.

"라푼첼, 너 뭘 그렇게 많이 먹었느냐?"

라푼첼이 화들짝 놀라며 재빨리 옷으로 배를 가리자 마녀는 뭔가 이상하다는 걸 알아챘습니다. 마녀는 소리를 꽥 질렀습니다.

"너 사실대로 말하지 못하겠니? 무슨 일이 있었던 게야?"

거짓말을 할 줄 모르는데다 겁에 질린 라푼첼이 사실대로 말하자 마녀는 불같이 화를 내며 말했습니다.

"내가 그렇게 일렀는데도 남자를 끌어들여 아이를 갖다니. 너는 벌을 받아야 해."

마녀는 한손으로 라푼첼의 머리카락을 움켜잡더니 가위로 싹둑 잘라버렸습니다. 그런 뒤 흐느끼는 라푼첼을 끌고가 숲속 외딴 곳에 버려두었습니다. 그런 사실을 알 리 없는 왕자는 3일째 되는 날 약속대로 비단실을 잔뜩 가지고 탑 아래에 와서 소리쳤습니다.

"라푼첼, 라푼첼.

네 황금빛 머리카락을 내려 보내렴.

내가 계단 삼아 올라갈 수 있도록."

여느 때처럼 탑에서는 라푼첼의 풍성한 머리카락이 내려오자 왕자는 기쁜 마음으로 창문을 향해 올라갔습니다.

"라푼첼 많이 기다려… 으악!"

왕자가 비명을 지른 이유는, 사랑하는 라푼첼이 있을 줄 알았던 탑 안에는 무시무시한 늙은 마녀가 눈알을 부라리고 있었기 때문입니다. 놀란 왕자를 본 마녀가 깔깔거리며 말했습니다.

"흥, 신부를 데리러 오신 모양이지만 라푼첼은 멀리 떠났어. 다시는 못 볼 게야."

왕자는 너무 놀라고 슬픈 마음에 붙잡고 있던 머리카락을 놓쳐버렸습니다. 그런데 하필이면 가시덤불 위로 떨어진 왕자의 눈에 가시가 박히고 말았습니다.

"으악, 내 눈, 내 눈, 앞이 안 보여. 앞이 안 보여."

한 순간에 왕자는 앞을 못 보는 맹인이 되고 말았습니다. 하지만 눈 먼 왕자는 아픔도 아랑곳하지 않고 사랑하는 라푼첼을 부르며 지팡이를 짚고 숲속을 헤매고 다녔습니다.

한편, 라푼첼은 숲속 외딴 작은 집에서 예쁜 아들을 낳아 기르고 있었습니다. 라푼첼은 마녀가 왕자에게 못된 짓을 하지 않았을까 걱정이 되었지만 자신의 힘으로는 어쩔 수가 없었습니다.

"아가야, 너도 어서 빨리 네 아빠를 만나야 할 텐데."

라푼첼은 갓난 아들을 쓰다듬으며 사랑하는 왕자를 그리워했습니다.

그 뒤 왕자는 1년 동안이나 라푼첼을 찾아 숲을 헤맸습니다. 그리고 드디어 왕자는 라푼첼이 사는 외딴 집에까지 도착했습니다. 눈이 먼데다 숲속을 헤매고 다닌 왕자는 많이 지쳐있었습니다. 그때 낯익은 목소리가 멀리서 들렸습니다.

"자장, 자장 우리 아가. 우리 예쁜 아가 잘도 잔다."

그 소리는 꿈에도 그리던 라푼첼의 목소리였고, 라푼첼이 아기를 재우려고 부르는 자장가였습니다. 왕자가 노랫소리를 따라 더듬더듬 다가가자 왕자를 발견한 라푼첼이 첫눈에 왕자를 알아보고 정신없이 달려와 두 팔로 껴안았습니다.

"왕자님, 이게 무슨 일이에요? 어쩌다 이런 불쌍한 모습이 되셨나요?"

라푼첼은 왕자의 모습을 보고 울음을 멈출 수가 없었습니다.

"나는 괜찮소. 드디어 당신을 만나게 되었으니 이제 되었소."

그런데 그 순간 기적이 일어났습니다. 라푼첼의 눈물 한 방울이 왕자의 눈에 똑 떨어지자 왕자의 눈동자가 살아나기 시작했습니다.

"보여. 당신이 보여. 이게 무슨 일이야?"

눈을 깜빡이던 왕자는 자신의 눈을 부비며 소리쳤습니다.

"라푼첼, 그대의 얼굴을 다시 보게 되다니. 이런 기적이 어디 있겠소. 이제 우리 아들과 함께 왕국으로 가 아버지와 어머니에게 인사를 드리고 정식으로 결혼식을 올립시다."

두 사람이 아들의 손을 잡고 왕궁으로 가자 임금님과 왕비는 기뻐 어쩔 줄을 몰랐습니다. 왕자가 1년 동안이나 소식이 없어 온 나라에 왕자를 찾으라는 명령을 내려놓았는데 왕자가 아내와 손자까지 데리고 나타났으니 당연한 일이었습니다.

며칠 뒤, 라푼첼과 왕자는 온 국민의 축복을 받으며 결혼식을 올렸습니다. 그리고 오래오래 행복하게 살았습니다.

이야기해준 뒤 아이와 함께

주인공에게 편지쓰기

아이에게 라푼첼이나 왕자 혹은 마녀에게 하고 싶은 말을 편지로 쓰게 합니다. 아이가 글자를 알면 종이를 주고 직접 써보도록 하고, 글자를 모르면 말로 하게 한 뒤 엄마(아빠)가 받아써서 다함께 읽어봅니다.

인물 소개하기

아이에게 라푼첼 이야기에 나오는 사람들을 소개하도록 해보세요. 아이가 잘 기억하지 못하면 "라푼첼은 어떤 사람이지? 어떻게 생겼지?", "왕자님은 어떤 사람이었지?" 등등을 질문하여 이야기를 듣고 느꼈던 인물에 대해 아이가 설명하도록 해보세요.

4

재투성이 아가씨

신데렐라

이야기 요약

엄마가 돌아가시자 새엄마가 두 언니를 데리고 들어온다. → 마음씨 나쁜 새엄마는 신데렐라에게 힘든 일만 시킨다. → 왕자님의 무도회가 열렸지만 신데렐라만 참석 못한다. → 요정이 나타나 신데렐라가 무도회장에 갈 수 있도록 도와준다. 대신 열두 시 전에 돌아와야 한다고 당부한다. → 무도회에 참석한 신데렐라는 열두 시 괘종 소리를 듣고서야 무도회장을 뛰어나오다 유리구두를 잃는다. → 왕자가 유리구두의 주인을 찾아다니다가 신데렐라 집에도 온다. → 유리구두 주인을 찾은 왕자는 신데렐라를 신부로 맞이한다.

등장 인물

- 신데렐라 : 착하고 아름다운 귀족 아가씨였지만 새엄마에게 구박을 받는다.
- 새엄마 : 자신이 데려온 두 딸만 사랑하고 착한 신데렐라를 미워하는 못된 성격이다.
- 새 언니들 : 새엄마가 데려온 2명의 딸이다. 심술궂어 신데렐라를 괴롭힌다.
- 아버지 : 신데렐라가 새엄마에게 구박당해도 도와주지 못하는 힘없는 아버지다.
- 왕자 : 무도회장에서 신데렐라를 만나 사랑하게 된다. 유리구두를 들고 신데렐라를 찾아 나선다.

이야기 속으로

옛날옛날 아주 먼 옛날, 멀고 먼 나라의 어떤 마을에 마음씨 좋은 귀족이 살았습니다.

그 귀족은 부인이 병이 들어 일찍 죽는 바람에 어린 딸과 둘이서 살았습니다. 어린 딸은 돌아가신 엄마를 닮아 착하고 참을성도 많았습니다. 그런데 엄마 없이 살아보니 딸을 위해서는 새엄마가 필요하다는 걸 알았습니다. 엄마가 있어야 맛있는 요리도 해주고, 공부도 가르쳐주고, 옷이나 장난감도 챙겨줄 수 있기 때문입니다. 귀족은 오랜 생각 끝에 새엄마를 맞아들였습니다. 그런데 딸을 위해 고른 새엄마는 겉보기와 달리 성격이 쌀쌀맞고 고약했습니다. 더군다나 새엄마가 데리고 온 두 딸들도 나이는 귀족의 딸보다 많아 언니였지만 엄마를 닮아서인지 심술궂고 버릇없기는 마찬가지였습니다.

새엄마는 들어오자마자 귀족이 잠깐 바깥에 나간 사이 귀족의 딸에게 소리쳤습니다.

"네 방은 이제부터 다락방이다. 그리고 아침 일찍 일어나 집안일을 해야 해."

귀족의 딸은 이게 무슨 일인가 싶어 새엄마를 쳐다보았습니다. 그러자 새엄마가 소리를 꽥 질렀습니다.

"아빠가 오기 전에 빨랑 다락방으로 못 올라가겠니? 혼나고 싶어? 그리고 지금 입고 있는 옷은 벗고 이 옷으로 갈아입어. 일을 하려면 이런 헌 옷이 딱 좋아."

새엄마의 표정이 험상궂어 겁이 난 귀족의 딸은 새엄마가 던져준 누더기를 입고 쥐들이 우글거리는 다락방으로 올라갔습니다. 다락방은 이불 대신 짚더미가 깔려 있었는데 귀족의 딸은 그곳에 엎드려 엉엉 울었습니다. 그때 아래층에서 새엄마의 고함소리가 들렸습니다.

"다락방에 처박혀서 뭘 하고 있는 거야? 어서어서 내려와 빨래도 하고 설거지도 해야지."

마음껏 울지도 못한 귀족의 딸은 후다닥 내려와 하인들이 하던 일을 하기 시작했고, 그 뒤부터는 잠시도 쉬지 못하고 집안일을 해야 했습니다. 나중에 아버지도 그런 사실을 알았지만 딸에게 일을 시키지 말라는 말을 하면 새엄마가 고래고래 화를 내는 바람에 아무 말 못하고 애처롭게 바라볼 뿐이었습니다.

귀족의 딸이 먼지를 뒤집어쓰고 일하는 동안 새엄마와 새언니들은 집에 있던 좋은 옷들을 입어보느라 정신이 없었습니다. 또 심심해지면 폭신한 침대에 누워 맛있는 음식을 먹으며 수다를 떨었습니다. 그러다가 귀족의 딸이 벽난로 청소를 하느라 온몸에 재가 묻자 깔깔거리며 비웃었습니다.

"오호호, 넌 재투성이 아가씨로구나!"

그날부터 새언니들은 귀족의 딸을 신데렐라라고 불렀습니다. 신데렐라는 '재투성이 아가씨'라는 뜻입니다. 하지만 하루 종일 시커먼 재를 뒤집어쓰고 일해도 신데렐라는 새언니들보다 백 배는 예뻤습니다.

그러던 어느 날이었습니다. 왕궁에서 왕자님이 무도회를 연다는 소식이 들렸고, 나라 안의 모든 귀족들을 초대하는 파티여서 신데렐라네 집에도 초대장이 왔습니다. 초대장을 받은 그날부터 신데렐라네 집에서는 야단법석이 났습니다.

“왕자님에게 잘 보이려면 붉은 드레스를 입고 가야 할까? 보석은 뭘 차고 가야 하지?”

“난 금색 드레스에 다이아몬드 목걸이를 하고 갈 거야. 그러면 왕자님이 나한테 반할 걸.”

두 언니는 방안 가득히 드레스와 보석들을 펼쳐 놓고 이것저것 입어보느라 정신이 없었습니다. 그럴수록 신데렐라의 일은 더 많아졌습니다.

“신데렐라야, 이 드레스에 주름이 없게 다려 와라!”

“신데렐라야, 내 구두에 먼지 하나라도 있으면 혼날 줄 알아!”

“신데렐라야, 내 금색 옷 좀 찾아와라. 내 빨간 구두도 가져와.”

새 언니들뿐만이 아니라 새엄마까지 신데렐라에게 일을 시키고 잔소리를 해댔습니다.

며칠 뒤, 드디어 왕궁 무도회 날이 되었습니다. 새언니들은 아침부터 옷이며 신발이며 요란을 떨다가 마차를 탔습니다. 화려한 드레스에 온갖 보석들을 치렁치렁 달고 떠나는 새엄마와 새언니들을 보고 있던 신데렐라는 그만 울음을 터뜨렸습니다.

“나도 무도회에 가고 싶어.”

신데렐라는 돌아가신 엄마가 보고 싶었습니다. 엄마가 살아계셨다면 새언니들보다 더 근사한 모습으로 무도회에 갈 수 있었을 겁니다. 평소 때는 아무리 힘들어도 씩씩하게 잘 참던 신데렐라였지만 오늘은 눈물이 그치질 않았습니다. 그런데 바로 그때, 갑자기 주변이 뿌옇게 흐려지더니 환한 빛을 내며 요정이 나타났습니다. 다정한 미소를 띤 요정은 돌아가신 엄마를 닮은 것 같기도 했습니다. 요정은 부드러운 손길로 신데렐라의 눈물을 닦아 주며 말했습니다.

"신데렐라야, 울지 말거라. 내 너를 무도회에 보내줄게."

"정말요?"

눈물이 그렁그렁한 눈으로 신데렐라가 대답하자 요정은 신데렐라의 손을 잡고 정원으로 데려갔습니다.

"호박을 하나 가져오너라."

요정이 왜 호박을 가져오라는지 궁금했지만 미소 짓고 있는 요정을 그냥 믿어도 될 것 같아 신데렐라는 아무 말 없이 호박을 가져왔습니다.

"그걸 저쪽 대문 안 쪽 가운데에다 놓거라."

신데렐라가 호박을 놓자 요정이 지팡이로 호박을 톡톡 건드렸습니다. 그러자 눈앞에서 놀라운 일이 일어났습니다. 방금까지 앞에 놓여 있던 호박이 커다랗고 화려한 마차로 쑥쑥 커진 것입니다. 신데렐라는 너무 놀라 입만 벙긋거릴 뿐 말도 나오지 않았습니다. 방긋 웃은 요정은 다시 말했습니다.

"이제 마차를 끌고 갈 말과 마부를 만들어야지."

주변을 두리번거리던 요정은 담장 밑에 있는 쥐구멍에다 대고 말했습니다.

"너희들 어서 좀 나오너라. 매일 신데렐라가 흘려놓은 음식을 훔쳐먹었으니 이번에 보답을 해야지."

그러자 쥐구멍에서 생쥐 여섯 마리가 쪼르르 달려나와 요정 앞에 나란히 섰습니다. 요정이 지팡이로 생쥐들을 톡톡 건들이자 생쥐들이 쑥쑥 커지더니 새하얀 갈기를 나부끼는 멋진 백마로 변했습니다. 그리고 쥐구멍에서 천천히 걸어나오던 가장 큰 생쥐를 지팡이로 톡 치자 콧수염이 근사한 마부로 변했습니다. 눈앞에서 일어나는 놀라운 일은 그뿐이 아니었습니다. 요정은 화분 뒤에다 대고 말했습니다.

"거기 화분 뒤에 있는 도마뱀들아. 너희도 어서 나오너라. 신데렐라가 화분을 잘 가꾸어주어 거기 살 수 있었으니 이번에 은혜를 갚아야지."

그러자 화분 뒤에서 도마뱀 여섯 마리가 쪼르르 달려나와 요정 앞에 머리를 내밀었습니다. 이번에도 요정이 도마뱀 머리를 톡톡 치자 도마뱀들은 쑥쑥 커지더니 깨끗한 옷을 입은 여섯 명의 하녀로 변했습니다. 하녀들은 신데렐라의 시중을 들기 위해 종종걸음으로 오더니 신데렐라 옆에 길게 늘어섰습니다.

"자, 이제 무도회에 갈 준비가 다 되었나?"

요정이 신데렐라를 쳐다보며 말하자 신데렐라는 자신의 옷을 보며 고개를 절레절레 흔들었습니다.

"이런 누더기 옷과 먼지를 잔뜩 뒤집어쓴 제 모습으로 어떻게 무도회에 가요."

요정은 별거 아니라는 듯이 싱긋 미소 지으며 말했습니다.

"걱정하지 말거라. 세상에서 가장 깨끗한 피부와 가장 아름다운 드레스를 만들어 줄 테니."

요정은 지팡이로 공중에 커다란 원을 그린 다음 신데렐라의 누더기를 톡톡 건드렸습니다. 그러자 재투성이 누더기는 눈이 부시도록 아름다운 드레스로 변했습니다. 다시 지팡이로 신데렐라의 볼을 톡 건들자 몸에 묻어 있던 까만 재들이 마치 바람에 날리듯 공중으로 흩어져 날아갔습니다. 재가 사라지고 드레스를 입은 신데렐라는 세상에서 가장 아름다운 아가씨가 되었습니다.

신데렐라는 순식간에 변한 자신의 모습이 믿겨지지 않았습니다. 요정은 품에서 유리로 된 구두를 꺼내더니 신데렐라 발에 신겼습니다.

"신데렐라야, 지금부터 왕궁 무도회에 가서 재미있게 놀거라. 하지만 무슨 일이 있어도 밤 열두 시까지는 돌아와야 한다. 다른 건 모두 잊어도 괜찮지만 이 말은 꼭, 꼭 지켜야 한다. 알았니?"

요정은 지금까지와 달리 웃지도 않고 신신당부했습니다.

"걱정 마세요. 열두 시까지는 꼭 돌아올게요."

신데렐라는 날아갈듯 한 기분으로 마차에 올랐습니다. 기다리던 하녀들이 마차 문을 열고 신데렐라를 자리에 앉도록 도우며 각자 자리를 잡았습니다. 모두가 마차에 탄 걸 확인한 근사한 콧수염의 마부가 고삐를 힘차게 휘두르자 눈빛보다 새하얀 여섯 마리 말이 힘차게 달리기 시작했습니다.

바람보다 빠르게 내달린 화려한 마차는 금방 왕궁 무도회장 입구에 도착했습니다.

"어머, 주인이 누구길래 마차가 저리도 아름다워?"

"이야, 임금님 마차보다 더 근사한걸."

무도회장에 모인 사람들은 갑자기 나타난 화려한 마차를 보며 한 마디씩 했습니다.

마차가 멈춰 서자 문이 열리며 하녀들이 먼저 나와 고개를 숙였고, 뒤이어 신데렐라가 천천히 나왔습니다. 그 모습은 마치 하늘에서 내려온 천사 같았습니다.

'우와~.'

사람들 입에서 자신도 모르게 감탄이 흘러나왔습니다.

"어느 귀족의 딸이지?"

"이웃 나라 공주님인가 봐."

저마다 한 마디씩 하는데 그 중에서도 가장 놀란 사람은 왕자였습니다. 왕자는 너무도 고귀해 보이는 신데렐라에게 한눈에 반했던 것입니다. 왕자는 신데렐라에게 다가가 손을 내밀며 말했습니다.

"저와 춤을 춰주실래요?"

신데렐라는 수줍게 미소 지으며 왕자의 손을 잡았습니다. 두 사람이 추는 춤은 하늘나라 천사들이 추는 것처럼 아름다웠습니다. 두 사람의 춤을 보고 있던 모든 사람들도 흥에 겨워 함께 춤을 추자 무도회장은 즐거움이 가득해졌습니다.

모두가 무도회를 즐기는 동안 벽에 걸린 커다란 괘종시계 바늘은 빨리 돌아 어느새 열한 시 사십오 분을 가리켰습니다. 시계를 본 신데렐라는 왕자에게 예의바르게 인사를 하고 서둘러 무도회장을 빠져나왔습니다. 왕자는 아쉬움이 가득한 눈빛으로 신데렐라의 뒷모습을 바라보았습니다.

신데렐라가 집으로 돌아와 마차에서 내리자 방금까지 타고 왔던 마차와 마부, 하녀들은 다시 예전의 호박과 생쥐, 그리고 도마뱀의 모습으로 돌아갔습니다. 신데렐라도 다시 누더기를 걸친 재투성이 아가씨로 변했습니다.

잠시 후, 새엄마와 새언니들도 돌아왔는데 모두들 오늘 처음 보았던 그 아가씨에 대한 이야기뿐이었습니다.

"도대체 그 아가씨는 누굴까? 그렇게 아름답고 고귀해 보이는 아가씨는 처음이야."

"여자인 내가 봐도 반할 정도인데 왕자님 마음은 어땠을까?"

새언니들의 말에 미소 지으며 신데렐라는 방안 청소를 했습니다.

다음 날, 또다시 무도회가 시작될 시간이 되자 요정이 나타났고 신데렐라는 무도회장에 갔습니다. 왕자는 무도회장 앞에 나와 서성이다가 신데렐라의 마차가 보이자 한걸음에 뛰어 왔습니다.

"어서 오시오."

이번에는 시녀들이 마차 문을 열기도 전에 왕자가 직접 마차 문을 열며 마차에서 내리기 쉽도록 신데렐라의 손을 잡아 주었습니다.

왕자는 신데렐라를 직접 무도회장까지 안내했고, 신데렐라에게서 잠시도 눈을 떼지 못했습니다. 신데렐라도 행복한 마음으로 무도회를 즐겼고, 즐겁게 춤을 추었습니다.

그런데 즐거운 무도회에 푹 빠지다보니 시계가 열두 시를 가리키는 줄도 몰랐습니다.

"뎅, 뎅…."

괘종시계가 큰 소리로 열두 시를 알리기 시작하자 신데렐라는 화들짝 놀랐습니다.

"어머나, 이 일을 어째. 큰일 났네."

춤을 추던 신데렐라는 왕자에게 인사도 못한 채 후다닥 무도회장 밖으로 달리기 시작했습니다. 그런데 무도회장 계단을 빠르게 뛰어 내려가다 보니 계단 끝부분에서 발을 헛디뎌 유리구두가 벗겨지고 말았습니다. 신데렐라는 벗겨진 유리구두를 주우려 뒤돌아보았습니다. 그때 계단 위에서 왕자와 시종들이 뛰어 내려오는 모습이 보였습니다.

"아가씨, 잠깐만요. 잠깐만 기다려주시오."

왕자가 다급하게 외치는 소리가 들리자 신데렐라는 유리구두 줍기를 포기하고 계단을 빠져나와 앞에 있는 숲 나무 뒤로 몸을 숨겼습니다. 신데렐라가 나무 뒤로 숨자마자 지금까지 입고 있던 화려한 드레스는 온데간데없고 누더기에 재를 뒤집어쓴 평소 때의 모습으로 변했습니다. 그리고 무도회장 귀퉁이에 세워져 있던 신데렐라의 마차도 쑤르르르 작아지더니 원래의 호박이 되었고, 마부와 하녀들도 모두 생쥐와 도마뱀이 되어 뽀로로로 흩어졌습니다.

왕자는 계단 끝에 떨어져 있는 유리구두를 들고 안타까운 듯이 주변을 두리번거렸습니다. 나무 뒤에 숨어 왕자를 지켜보던 신데렐라는 누더기 차림으로 터벅터벅 걸어 집까지 갈 수밖에 없었습니다.

무도회가 끝난 뒤 며칠 동안 왕자는 매일 유리구두를 바라보며 지냈습니다.

"이럴 줄 알았으면 미리 사는 곳을 물어볼 걸. 아니 이름만이라도 알아둘 걸."

왕자는 생각해보니 이틀 동안 함께 춤을 춘 아가씨에 대해 아는 것이 없었습니다. 며칠을 궁리하던 왕자는 마침내 직접 찾아 나서기로 했습니다.

"유리구두가 발에 꼭 맞는 주인을 찾아 내 신부로 맞을 것이오."

왕자가 유리구두의 주인을 찾는다는 소문이 순식간에 온 나라 곳곳에 퍼졌습니다. 아가씨들 모두는 혹시 유리구두가 자기 발에 맞을지도 모른다는 기대를 했고, 신하들이 전국을 돌며 유리구두 주인을 찾아나서자 앞다퉈 유리구두를 신어보려 했습니다. 그런데 수많은 사람들이 유리구두를 신어보았지만 발에 딱 맞는 아가씨는 아무도 없었습니다.

"우리나라에 사는 아가씨가 아닌가 보다."

거의 포기하다시피한 신하들이 신데렐라의 집에도 도착했습니다. 신하들이 현관문을 두들기자 새언니 중 큰 언니가 재빨리 뛰어나가며 외쳤습니다.

"오호호호, 이 유리구두는 원래 내 거였어요."

큰 언니는 유리구두를 빼앗다시피 얼른 자기 발에 끼워 넣었습니다. 하지만 발이 워낙 커 절반도 들어가지 않았습니다. 아무리 발버둥 쳐도 발이 더 이상 들어가지 않자 옆에 있던 작은 새언니가 언니를 밀치며 신발을 빼앗았습니다.

"내가 신어볼 거야. 내가 이 신발의 원래 주인이거든."

하지만 작은 새언니 발도 유리구두에 들어가지 않았습니다. 지켜보던 신하들이 고개를 흔들며 말했습니다.

"두 사람 모두 신발 주인이 아니군요. 이 집에 다른 아가씨는 없소?"

새언니들은 얼굴이 울그락불그락해져서 한꺼번에 외쳤습니다.

"없어요. 우리 집에는 우리 둘 뿐이에요. 이제 어서 가세요."

그때 2층에서 청소를 하던 신데렐라가 빗자루를 들고 내려오는 걸 신하가 보았습니다.

"저기, 저기 아가씨도 있구만. 이리 와서 이거 한 번 신어 봐요."

새언니들이 신하 앞을 가로막으며 외쳤습니다.

"저 애는 우리 집 일꾼이에요. 일꾼한테 유리구두를 신기면 신발만 더러워져요."

하지만 신하들은 새언니들의 말을 들은 척도 안하고 말했습니다.

"저리 비켜요. 나라 안의 모든 아가씨들한테 신겨보라는 왕자님의 명령이요. 그러니 거기 있는 아가씨도 이리 와서 이거 한 번 신어보세요."

신데렐라가 들고 있던 빗자루를 옆에 놓고 사뿐사뿐 걸어오자 새언니들은 비웃었습니다.

"재 투성이가 유리구두를 신겠다니. 흥, 말도 안 돼."

신데렐라가 발을 들어 살며시 유리구두를 신었습니다. 유리구두는 마치 이제야 제 주인을 만났다는 듯이 발에 꼭 맞았습니다. 새언니들은 벌어진 입을 다물 수가 없었고, 신하들 또한 마찬가지였습니다. 온 나라를 헤맨 끝에 드디어 유리구두의 주인을 찾았던 것입니다. 신발을 신고 빙긋이 웃던 신데렐라가 앞치마 주머니에서 나머지 유리구두 한 짝도 꺼내더니 한쪽 발에 신었습니다. 그때 공중에서 하얀 빛이 나는듯하더니 요정이 나타나 지팡이로 신데렐라의 누더기를 톡 건들었습니다.

"세상에나, 세상에나."

지금까지 누더기였던 신데렐라의 옷이 무도회 때 입었던 아름다운 드레스로 변했고, 온몸을 덮고 있던 재들은 샤라랑 불어온 바람결에 모두 날아가 맑고 맑은 원래 피부가 드러났습니다. 그 모습을 본 신하가 급히 외쳤습니다.

"병사는 빨리, 빨리 말을 몰고 가 왕자님께 이 소식을 전해라. 유리구두 주인을 찾았다고 전해라. 어서, 어서."

신데렐라의 모습을 본 새언니들은 처음에는 놀라더니 이제는 무서워 몸을 부들부들 떨었습니다. 그 동안 신데렐라에게 못 되게 굴었기 때문에 왕자님께 무슨 벌을 받을지 몰라서입니다. 새언니들은 벌벌 떨며 신데렐라의 발밑에 엎드려 그 동안의 잘못을 빌었습니다.

"언니들, 일어나세요. 괜찮아요. 다 용서했어요."

신데렐라는 언니들을 일으켜 세운 뒤 따뜻하게 안아 주었습니다.

잠시 후, 요란한 마차소리가 들리더니 왕자가 왕궁 시종들을 모두 데리고 뛰어왔습니다. 무도회 때의 모습 그대로 서 있는 신데렐라를 본 왕자는 좋아서 어쩔 줄 몰라 했습니다.

그 뒤로 신데렐라와 왕자는 행복한 결혼식을 올렸습니다. 그리고 새언니들도 왕궁으로 불러 모두 행복하게 살았답니다.

이야기해준 뒤 아이와 함께

주인공 인터뷰하기

"○○야, 이제부터 네가 착한 신데렐라나 못된 큰언니가 되어보는 거야."

아이가 신데렐라 혹은 못된 큰언니라고 가정합니다. 그리고 엄마(아빠)가 종이 한 장을 돌돌 말아 마이크처럼 만든 뒤 아이 입에 대고 인터뷰를 합니다. 처음에는 신데렐라가 되었다가 다음에는 큰언니가 되어 서로 다른 입장이 되어봅니다. 질문은, "신데렐라 씨, 새엄마가 왕자님의 무도회에 못 가게 했을 때 기분이 어땠나요?", "큰언니 씨, 왜 신데렐라를 그렇게 미워했나요?" 등으로 합니다.

이야기 어떤 부분 연극하기

아이가 재미있다고 생각하는 부분을 엄마(아빠)와 함께 각자 역할을 맡아 연극해보세요. 예를 들어 무도회에서 신데렐라와 왕자가 즐겁게 춤을 추고 있는데 시계가 열두 시를 알리는 장면을 해보세요.

5 거인의 정원

이야기 요약

외출한 거인의 집 정원에 아이들이 들어와 논다. → 돌아온 거인은 귀찮은 아이들을 쫓아내고 담장을 높게 쌓는다. → 아이들이 없어지자 정원에는 몇 년 동안 겨울만 계속된다. → 거인이 후회하자 아이들이 다시 들어와 뛰어놀며 봄도 찾아온다. → 키가 작아 나무에 오르지 못하는 작은 아이를 안아 나무에 올려준 거인은 정원 담장을 허문다. → 거인은 작은 아이가 보고 싶었지만 그 뒤로 그 아이는 다시 오지 않는다. → 나이가 많아진 거인이 더 이상 못 움직일 때 작은 아이가 찾아온다. → 환한 빛을 내는 작은 아이가 거인을 하늘나라로 데려간다.

등장 인물

- 거인 : 욕심이 많아 자신의 정원에서 아이들이 못 놀게 쫓아내지만 잘못을 뉘우치고 아이들을 사랑하는 착한 사람이다.
- 아이들 : 학교가 끝난 뒤 거인의 정원에서 뛰어놀며 거인과 친구가 된다.
- 작은 아이 : 거인에게 잘못을 깨닫게 해주는데, 사실은 작은 천사였고 늙은 거인을 하늘나라로 데려간다.

이야기 속으로

옛날옛날 아주 먼 옛날, 멀고 먼 어느 나라에 거인의 정원이 있었습니다. 그 정원은 봄이면 별처럼 반짝이는 꽃들이 여기저기에 피어나고, 가장자리에 심겨진 열두 그루의 복숭아나무에는 분홍빛 꽃이 만발하였습니다. 가을에는 탐스러운 열매가 가득 열렸고, 새들은 나무 위에 앉아 아름다운 소리로 지저귀었으며, 바닥에는 부드러운 잔디가 깔린 아주 넓고 아름다운 정원이었습니다.

그 아름다운 정원은 아이들의 놀이터이기도 했습니다. 매일 오후가 되면 학교가 끝난 아이들은 모두 거인의 정원으로 들어와 놀았습니다. 배가 고프면 탐스런 열매를 마음껏 따먹고, 새들이 지저귀는 소리에 맞춰 다함께 노래를 부르기도 했습니다. 또 부드러운 잔디밭에서 마음껏 뛰며 놀았습니다. 그곳은 아이들의 천국이었습니다.

그러던 어느 날이었습니다. 집 주인인 거인이 대문으로 들어섰습니다. 거인은 그 동안 7년이나 친구네 집에 놀러가 있었습니다. 아주 친한 친구라 하루 종일 이야기를 나눠도 지루하지 않아 하루하루 놀다보니 어느새 시간이 그렇게 많이 지났던 것입니다. 그런데 아무리 친한 친구라 해도 7년 동안이나 이야기를 나누다보니 더 이상 할 이야기가 없어져 집으로 돌아왔는데, 대문을 들어선 거인의 눈이 휘둥그레졌습니다. 정원에서는 귀찮고 말썽만 부릴 것 같은 꼬맹이들이 뛰어놀고 있었던 것입니다. 분명히 대문을 잠가두고 갔는데 아마도 무너진 담장구멍으로 들어온 모양이었습니다. 아이들을 본 거인은 화가 나서 버럭 소리를 질렀습니다. 거인의 목소리는 하늘이 무너지는 듯 우레와 같이 컸습니다.

"이놈들, 여기서 뭘 하고 있는 게야?"

갑작스런 거인의 호통에 놀란 아이들은 허겁지겁 도망치기 시작했습니다. 그 중에는 너무 무서워 제자리에 꼼짝 못하고 우는 아이들도 있었습니다. 그러거나 말거나 거인은 다시 고함을 쳤습니다.

"이 말썽꾸러기들아. 이곳은 나 혼자 쓰는 정원이란 말이다. 내 허락도 없이 이곳에 들어온 너희들은 정말 버르장머리가 없구나. 두 번 다시 이곳에 나타나지 말거라. 다시 내 눈에 띄면 그땐 가만 두지 않겠다."

거인의 고함에 울던 아이들도 엉금엉금 기다시피 담장 밖으로 도망쳤습니다. 아이들이 모두 사라지자 거인은 씩씩거리며 말했습니다.

"아이들이 두 번 다시 이곳에 못 들어오게 할 테다."

거인은 곧 정원 주변에 담을 더 높게 쌓고, 아이들이 들어올 만한 구멍은 모두 가시덤불로 막아놓은 뒤, 문 앞에 커다란 경고판을 세웠습니다.

'정원에 함부로 들어오는 사람은 거인이 혼내주겠음.'

아이들은 학교가 끝난 뒤, 이제는 놀 곳이 없었습니다. 먼지가 뿌옇게 날리고, 마차들이 휙휙 지나다녀 다칠 위험이 있는 큰 길에서 놀기는 싫었습니다. 아이들은 학교가 끝나면 거인의 정원을 두르고 있는 높은 담 주변을 서성거렸습니다. 담이 훨씬 더 높아져 이제 담 안쪽을 들여다볼 수도 없었지만 정원에서 들리는 아름다운 새소리를 듣는 것만으로도 좋았습니다.

"거인의 정원에서 놀 때는 정말 좋았는데…."

아이들은 너무 높아 들어갈 수 없는 거인의 정원을 그리워하며 아쉬

워했습니다.

아이들이 거인의 정원을 떠난 뒤 많은 시간이 흘렀습니다. 가을이 끝난 뒤, 길고 긴 겨울이 지나고 어느덧 봄이 왔습니다. 봄이 되자 온 마을 곳곳에 예쁜 꽃들이 피어났고, 새들이 찾아와 노래를 불렀습니다. 그런데 이상한 일이 벌어졌습니다. 거인의 정원에는 온통 하얀 눈이 쌓여 있었습니다. 높은 담장 바깥에는 꽃이 피고 새들이 지저귀는데 담장 안쪽 정원에는 사람 키만큼이나 눈이 높게 쌓여 있었습니다. 그뿐만 아니라 나무들도 새순이 돋지 않았고, 꽃은 아예 필 생각도 없는 듯했습니다. 또 차가운 겨울바람만 윙윙 불어오는 정원에는 새 한 마리 찾아오지 않았습니다. 어떨 때는 하루종일 거인의 정원에만 눈이 펄펄 내리기도 했고, 눈이 안 오는 어떤 날은 하루종일 우박이 우두두두두 쏟아지기도 했습니다. 며칠에 한 번씩 돌멩이처럼 큰 우박이 쏟아지자 거인의 지붕은 온통 구멍이 뚫리기도 했습니다. 그뿐이 아닙니다. 우박이 안 올 때는 겨울바람이 휭휭 불어 굴뚝이 우지직끈 하고 쓰러지기도 했습니다.

집안에서 창밖의 정원을 내다보며 거인은 한숨을 내쉬었습니다.

"이상한 일이네. 왜 우리 집 정원만 이렇게 추운 걸까? 이제 그만 봄이 좀 왔으면 좋으련만."

그러나 해가 바뀌어도 거인의 정원에는 봄이 오지 않았습니다. 여름도 오지 않았고, 다시 시간이 흘러 담장 바깥에는 가을이 되었습니다. 이곳저곳 산과 들판 가득이 황금빛 열매들이 주렁주렁 열렸습니다. 하지만 거인의 정원에는 여전히 찬바람이 불며 눈과 우박이 휘날렸습니다. 거인은 차가운 거실에서 이불을 뒤집어쓰고 덜덜 떨면서 말했습니다.

"정말 웬일이지? 왜 이렇게 춥지? 하지만 내년에는 봄이 올 거야. 암 그렇고말고."

하지만 그 다음해도, 그 다음해에도 거인의 정원에는 봄이 오지 않았습니다. 계속 눈과 우박과 겨울 찬바람만 불었습니다.

몇 해 동안이나 추운 겨울이 계속되자 거인도 지치고 몸이 약해져 침대에 오랫동안 누워있어야 했습니다. 그때서야 거인은 자신이 아이들을 모두 내쫓고 정원의 담장을 높여 아무도 들어오지 못하게 한 일을 후회했습니다.

"내가 잘못했어. 맞아, 내가 너무 욕심을 부린 거야."

그러던 어느 날, 거인은 그날도 침대에 누워 있는데 어디선가 아름다운 소리가 들렸습니다. 그것은 몇 년 동안 듣지 못했던 새소리였습니다. 고개를 돌려보니 홍방울새 한 마리가 창가에 앉아 노래를 부르고 있었습니다. 그런데 홍방울새 지저귀는 소리가 들리자 기적이 일어났습니다. 방금까지 창문 바깥에서 윙윙거리며 유리창을 깰 듯이 불어대던 겨울바람이 갑자기 뚝 그쳤습니다. 그리고 지붕을 깰 듯이 두들기던 우박소리도 딱 멈췄습니다.

"어? 이게 무슨 냄새지?"

거인은 침대에서 일어나 코를 킁킁거렸습니다. 그 냄새는 몇 년 만에 맡아보는 꽃향기였습니다. 꽃향기에 이끌려 자기도 모르게 창문으로 다가간 거인은 깜짝 놀랐습니다. 바깥에는 아이들이 있었습니다.

아이들은 담장이 무너지며 생긴 담장구멍으로 정원에 들어왔고, 아이들이 들어오자 그 뒤를 새들이 따라왔습니다. 새들이 지저귀자 정원

가득 쌓여있던 눈들이 거짓말처럼 녹아내리고, 녹은 눈 사이로 나뭇잎이 돋아나기 시작하더니 순식간에 초록 잎사귀를 피워냈습니다. 또 그동안 피고 싶어도 추위 때문에 웅크리고 있던 꽃들이 활짝활짝 피어났고, 땅 위에 있는 얼음이 녹자 잔디가 파릇파릇 올라왔습니다.

거인이 집안에서 창문으로 내다보자 아이들은 모두 나뭇가지 위에 올라가 자리를 잡고 앉아 있었습니다. 아이들이 앉아 있는 자리에서는 웅큼웅큼 새순이 돋아나고 있었습니다. 아이들을 둘러보던 거인의 눈길이 한곳에 멈추었습니다. 다른 곳은 모두 눈이 녹아 잎사귀가 돋고 꽃이 피는데 정원 구석 한 곳에는 아직도 눈이 남아 있었습니다. 그곳 나무 아래에서는 작은 아이 한 명이 나무를 올려다보고 있었습니다. 아이는 키가 너무 작아 나무 위에 올라갈 수가 없었던 것입니다. 아이가 올라가지 못하자 그 곳 나무 근처에만 아직도 겨울이었던 것입니다. 집안에서 그 모습을 보고 있던 거인의 얼어붙었던 마음이 사르르 녹아내렸습니다.

"내 욕심 때문이었어. 그 동안 내 정원에 왜 봄이 안 왔는지 이제야 알겠어."

거인은 아이들에게 미안했습니다. 자기 욕심 때문에 놀 곳을 잃은 아이들한테 정원을 돌려주고 싶었습니다. 거인은 현관문을 열고 정원으로 나갔습니다. 그런데 거인이 나타나자 깜짝 놀란 아이들은 후다닥 담장 구멍으로 도망쳐버렸습니다. 거인이 또 자신들에게 소리치며 쫓아낼 거라고 생각했던 것입니다. 그런데 아이들이 모두 나가자마자 거인의 정원에는 다시 찬바람이 쌩쌩 불어오기 시작했습니다. 눈도 휘날리고 우박도 몇 개가 떨어졌습니다. 방금까지만 해도 꽃이 피어나던 정원이 다시 겨울로 되돌아간 것입니다.

갑작스런 추위에 몸을 떨며 거인은 정원 구석을 바라보았습니다. 그곳에는 아직 거인을 보지 못한 그 키 작은 아이가 나무를 올려다보고 있었습니다. 거인은 아이 곁으로 조심스럽게 다가가 살며시 아이를 안아 들어 나뭇가지 위에 올려주었습니다. 그러자 더 신기한 일이 일어났습니다. 방금 전까지만 해도 눈에 덮여 있던 나무에 눈이 녹아내리며 꽃망울이 피어났습니다. 또 어디에선가 새들이 날아와 작은 아이가 앉은 나뭇가지 여기저기에서 노래를 불렀습니다.

작은 아이가 두 팔을 활짝 벌려 거인의 목을 꼬옥 끌어안자, 담장구멍 바깥에서 그 모습을 보던 아이들이 하나둘 다시 정원으로 들어왔습니다. 그러자 아이들이 지나가는 곳마다 눈이 사라지며 새순과 꽃들이 피어났습니다. 거인이 아이들에게 다정한 목소리로 말했습니다.

"그래 얘들아, 이제부터 모두 이곳에서 놀아도 된단다. 이곳은 이제부터 우리 모두의 정원이란다."

거인은 성큼성큼 창고로 가더니 커다란 망치를 들고 나와 높은 담장을 부수기 시작했습니다.

아이들은 정원에서 배가 고프면 열매를 따먹으며 마음껏 놀다가 저녁이 되자 모두들 거인에게 작별인사를 했습니다.

"아저씨, 안녕히 계세요. 내일 또 와도 되죠?"

거인도 예전과 달리 반갑고 기쁘게 대답해주었습니다.

"그럼그럼. 이제 이곳은 너희들의 놀이터란다. 언제든지 와도 좋아. 어? 그런데 얘들아, 아까 내가 나무에 올려주었던 그 꼬마는 어디 갔니?"

아이들은 서로를 쳐다보며 어깨를 으쓱했습니다.

"잘 모르겠어요. 아마 먼저 갔나 봐요."

"그럼 그 아이에게도 꼭 전해주겠니? 내일도 놀러 오라고."

"네 보면 전해줄게요. 하지만 저희도 그 아이는 한 번도 본 적이 없어서 어디 사는지는 몰라요."

아이들의 말을 들은 거인은 이내 시무룩해졌습니다. 거인은 작은 그 아이가 왠지 좋았는데 어디 사는지도 모른다면 다시 볼 수 없을 수도 있다는 생각이 들었기 때문입니다.

다음날도, 그 다음날도 학교가 끝난 아이들은 모두 거인의 정원에서 거인과 놀았습니다. 하지만 그 작은 아이는 다시 오지 않았습니다. 아이들이 놀러오면 거인이 가장 먼저 그 아이를 찾았지만 그 아이는 없었습니다. 거인이 모든 아이들을 좋아하면서도 유난히 그 작은 아이를 더 좋아했던 이유는 그 아이가 처음으로 자기를 안아주었기 때문입니다. 그 아이가 안아주자 그 동안 미움으로 가득 찼던 자신의 마음이 눈 녹듯이 녹았던 것입니다.

아이들과 함께 지내는 동안 시간이 흘러, 어느덧 거인도 할아버지가 되었습니다. 거인은 늙고 병이 들자 힘이 약해져 이제 아이들과 놀아 줄 수가 없었습니다. 거인은 팔걸이가 달린 의자에 앉아 정원에서 아이들이 노는 모습을 바라보며 따뜻한 미소를 지었습니다.

"꽃도 아름답지만 그보다 더 아름다운 건 바로 저 아이들의 웃는 얼굴이지."

다시 시간이 흘렀습니다. 거인은 이제 더 이상 움직이기도 힘들만큼

늙었습니다. 어느 겨울 날, 침대에 누워 창밖을 보던 거인은 눈을 비비며 일어나 앉았습니다. 겨울인데도 정원의 구석 나무에 꽃이 피어있었던 것입니다. 그 나무는 온통 황금빛으로 빛나고 있었고 가지마다 은빛 열매가 주렁주렁 매달려 있었습니다.

"이게 무슨 일일까? 지금은 추운 겨울이라 꽃이 필 수 없는데? 아니, 저 아이는?"

거인은 소스라치게 놀라 침대에서 벌떡 일어나 문을 열고 나갔습니다. 그 나무 아래에는 옛날 그 작은 아이가 서 있었습니다. 거인이 다가가자 작은 아이가 따뜻하게 미소 지으며 거인을 바라보았습니다. 그런데 거인은 눈을 동그랗게 뜨며 그 자리에 딱 멈춰 서야 했습니다. 그 아이 등에서 하얀 날개가 펼쳐지며 그 뒤로 황금색 둥근 빛이 환하게 피어올랐기 때문입니다. 거인은 자기도 모르게 아이 앞에 무릎을 꿇었습니다.

"당 신은 보통 사람이 아니었군요. 당신은 누구십니까?"

작은 아이는 빙그레 미소를 지으며 말했습니다.

"그대가 나와 아이들을 그대의 정원에서 놀게 해주었으니, 오늘부터는 그대를 우리의 정원에서 놀게 해 주겠습니다. 그곳은 병도 없고 영원히 늙지도 않는 하늘나라입니다."

아이가 손을 내밀자 거인이 그 손을 잡았습니다. 그러자 거인의 몸도 황금색으로 빛나며 그 동안 거인을 괴롭히던 병이 깨끗이 낫는 듯한 느낌이 들었습니다. 놀란 거인이 자신의 손을 내려다보자 늙어서 쭈글쭈글해졌던 손등이 아이들의 손등처럼 주름 하나 없이 깨끗해지는 것이었습니다.

그날 오후, 학교가 끝나자 언제나처럼 아이들이 거인의 정원으로 몰려왔습니다. 그리고 아이들은 정원 구석 하얀 꽃이 활짝 핀 나무 아래에서 평화롭게 잠든 거인을 보았습니다.

이야기해준 뒤 아이와 함께

아이와 토론하기

아이는 거인 아저씨가 아이들을 정원에서 놀지 못하게 쫓아낸 것에 대해 나쁘다는 입장에서, 엄마(아빠)는 정원이 지저분해지니 아이들을 쫓아내야 한다는 입장에서 서로 왜 그런지 토론해보세요.

재미있는 부분 그림 그리기

종이와 연필을 준비한 뒤 이야기 중 가장 기억에 남는 부분을 아이와 함께 그려보세요. 예를 들어 봄이 온 정원에서 거인이 작은 아이를 안아 나무 가지 위에 올려주는 모습 등을 아이와 함께 그려보세요.

3

예쁘고 예쁜 공주 이야기

엄지손톱만큼 작은

엄지공주

이야기 요약

아기를 원하는 부인이 요정에게 작은 씨앗을 받는다. → 씨앗을 화분에 심자 꽃 안에서 작은 엄지공주가 태어난다. → 못된 엄마두꺼비가 아들두꺼비와 결혼시키려 엄지공주를 훔쳐간다. → 물고기들의 도움으로 탈출하지만 다시 풍뎅이가 낚아채간다 → 풍뎅이가 떠나자 엄지공주는 숲속에 홀로 남아 추운 겨울을 맞이한다. → 들쥐아줌마의 도움으로 들쥐 집에 살게 된다. → 두더지의 굴에서 병든 제비를 발견해 정성껏 간호해준다. → 들쥐아줌마가 부자인 두더지와 결혼시키려 하자 제비와 함께 따뜻한 남쪽나라로 간다. → 남쪽나라에서 꽃의 왕자님을 만나 꽃의 여왕이 된다.

등장 인물

- 엄지공주 : 꽃에서 태어난 아주 작은 아가씨. 병든 제비를 돌봐주는 등 여러 힘든 일을 거쳐 꽃의 여왕이 된다.
- 제비 : 두더지 굴에 떨어져 정신을 잃었지만 엄지공주의 간호로 살아난다. 나중에 엄지공주를 남쪽나라로 데려다주어 은혜를 갚는다.
- 들쥐아줌마 : 겨울 동안 엄지공주를 보살펴 준 착한 들쥐지만 엄지공주를 두더지와 결혼시키려하려 하는 등 자신의 생각만 옳다고 믿는다.
- 두더지 신사 : 캄캄한 땅 속 굴집에서 사는 부자 두더지다.
- 꽃의 왕자 : 남쪽나라에서 꽃의 요정들을 다스리는 왕자로 엄지공주를 사랑한다.

이야기 속으로

옛날옛날 아주 먼 옛날, 멀고 먼 어느 나라에 아이를 갖고 싶어 하는 한 부인이 있었습니다.

그런데 그 부인이 갖고 싶어 하는 아이는 아주아주 작고 귀엽고 예쁘고 착한 아이였습니다. 아이가 너무너무 갖고 싶었던 부인은, 어느 날 자신이 가진 돈 모두를 들고 숲의 요정을 찾아갔습니다.

"요정님, 저는 아주 작은 아이를 갖고 싶어요. 어떻게 하면 그런 아이를 얻을 수 있을까요?"

부인이 착하다는 걸 한눈에 알아본 요정은 웃으며 말했습니다.

"그렇게 어려운 일이 아니로군요. 자, 이 씨앗을 받으세요."

친절한 요정은 좁쌀만큼 작은 씨앗 하나를 부인에게 주었습니다.

"이것은 신비한 씨앗입니다. 화분에 심어두고 기다려보세요."

"고맙습니다, 요정님."

부인은 요정에게 자신이 가진 돈 전부를 주고 씨앗을 받아 뛰다시피 집으로 돌아왔습니다. 그리고 화분에 조심스럽게 씨앗을 심었습니다. 물을 듬뿍 준 부인은 화분을 들여다보며 중얼거렸습니다.

'어떤 식물이 자랄까? 어떤 꽃이 필까? 어떤 열매가 맺을까?'

부인은 매일매일 화분 곁에서 화분을 들여다보았습니다. 그러던 어느 날, 아주 작은 싹이 나고 하루가 지나기도 전에 쑥쑥 자라더니 금방 커다란 꽃 한 송이가 피어났습니다.

"참 예쁘기도 해라. 꼭 튤립을 닮았구나."

붉은 꽃잎이 꽃송이를 꽁꽁 오므리고 있었습니다. 꽃이 예뻐 부인은 꽃잎에 살짝 입을 맞추었습니다. 그러자 꽃잎이 하나 둘 펴지더니 봉오리가 활짝 열렸습니다. 그런데 꽃봉오리 안을 본 부인의 눈이 더 커졌습니다. 피어난 꽃봉우리 속에는 아주 작고 귀엽고 예쁜 소녀가 다소곳이 앉아 있는 것이었습니다. 그 아이는 얼마나 작은지 키가 부인의 엄지손가락만 했습니다.

"어머나, 정말 귀여운 아기네. 요정님이 내 소원을 들어주셨구나."

부인은 손뼉을 치며 기뻐했습니다.

"아가야, 네 이름을 지어줄게. 넌 아주 작으니까 엄지공주라고 하자."

그날부터 엄지공주는 부인과 함께 살게 되었습니다.

"우리 엄지공주야, 엄마가 재미있는 놀이를 가르쳐 줄게."

부인은 넓은 그릇에 물을 가득 담고 물 위에 튤립 꽃잎 하나를 띄웠습니다. 엄지공주는 꽃잎 배를 타고 노를 저으며 노래를 불렀습니다.

"나는 맑고 푸른 하늘바다 위를 튤립 꽃잎배 타고 노를 저어 갑니다~."

엄지공주의 노랫소리는 부드럽고 맑아 듣고 있는 부인의 입가에 저절로 미소가 번졌습니다.

밤이 되면 엄지공주는 호두 껍데기침대에 누워 장미 꽃잎이불을 덮고 잠을 잤습니다. 착한 부인의 보살핌을 받은 엄지공주는 더 이상 바랄 것 없이 행복했습니다.

그러던 어느 날 밤이었습니다. 조금 깨진 창문 틈으로 우락부락하게 생긴 엄마두꺼비가 몰래 들어왔습니다. 두꺼비는 잠든 엄지공주를 찬찬히 들여다보더니 말했습니다.

"호오, 작고 예쁜 아가씨구나. 우리 아들 색시로 삼아야겠다."

두꺼비는 살그머니 호두 껍데기를 입에 물고 들어왔던 깨진 창문 밖으로 나갔습니다. 그리고는 냇가에 있는 자기 집에 도착하자 아들을 불렀습니다.

"아들아, 어서 이리 나와 봐라."

그러자 엄마두꺼비보다 더 우락부락하게 생긴 아들두꺼비가 어기적어기적 기어 나왔습니다.

"꺼억, 꺼억. 우와 예쁜 아가씨가 잠들어 있네."

"쉿! 조용히 해. 깨어나면 도망갈지도 모르니 저기 물 위 연잎에다 올려두자."

엄마두꺼비는 물 위에 떠있는 연잎에 엄지공주의 호두 침대를 올려놓은 뒤, 늪 한구석에다 아들의 신방을 꾸미기 위해 갔습니다.

한참 후, 잠에서 깨어난 엄지공주는 주변을 둘러보았습니다. 그곳은 처음 와보는 낯선 곳이었습니다. 엄지공주는 겁이 나서 훌쩍훌쩍 울기 시작했습니다. 그때 엄마두꺼비가 오더니 엄지공주를 달랬습니다.

"울지 마라. 넌 이제 내 아들의 신부가 될 거야. 저쪽에 신방을 꾸며 놓았단다."

그러자 아들두꺼비가 좋아서 소리를 '꺼억, 꺼억' 질렀습니다.

엄지공주는 우락부락한데다 잘 알지도 못하는 두꺼비의 아내가 되고 싶지 않았습니다. 그래서 무섭고 슬퍼 큰 소리로 엉엉 울었습니다. 그 소리를 들은 물속 물고기들이 엄지공주 주변으로 몰려왔습니다.

"하기 싫은 결혼을 두꺼비가 강제로 하자고 하는 건 못된 짓이야."

"맞아, 맞아."

"얘들아, 우리가 엄지공주를 구해주자."

물고기들은 엄지공주가 앉아있는 연잎의 물속줄기를 물어뜯기 시작했습니다.

"서둘러, 금방 두꺼비가 올 거야."

"알았어. 조금만 더하면 돼."

조금 뒤, 마침내 연잎 줄기가 끊어졌고 연잎은 물 위를 둥둥 떠다녔습니다. 물속에서 물고기들이 힘껏 밀자 연잎은 물결을 따라 아래로 떠내려가기 시작했습니다. 하지만 물이 천천히 흘렀기 때문에 연잎도 천천히 움직였습니다. 그때 하얀 나비가 날아와 연잎에 앉았습니다.

"나비야, 나 좀 도와줄래?"

엄지공주의 부탁에 나비가 고개를 끄덕이자 엄지공주는 나비 몸에 허리띠를 묶고 다른 한쪽은 연잎에 묶었습니다. 나비가 줄을 당기며 날자 연잎은 빠르게 흘러가기 시작했습니다. 한참을 흘러 두꺼비가 사는 곳과 멀어지자 나비는 허리띠를 풀어놓고 꽃을 찾아 날아갔습니다.

"나비야, 도와줘서 고마워."

엄지공주는 어디로 가는지도 모른 채 물을 따라 계속 흘러갔지만 두꺼비와 결혼하지 않게 되어 기뻤습니다. 그때였습니다. 붕붕 소리가 나더니 커다란 풍뎅이 한 마리가 날아왔습니다.

"어? 작고 예쁜 아가씨네."

풍뎅이는 순식간에 엄지공주를 감싸안고 나무 위로 날아갔습니다. 엄지공주는 비명을 지를 틈도 없었습니다. 하늘에서 발밑을 보니 지금까지 타고 왔던 연잎은 물을 따라 계속 흘러가고 있었습니다.

풍뎅이는 높이 날아올라 나무 꼭대기의 커다란 잎사귀 위에 엄지공주를 내려놓고 말했습니다.

"아주 귀여운 아이구나."

풍뎅이는 꽃에서 따온 꿀을 엄지공주에게 내밀었습니다. 시간이 조금 지나자 여기저기에서 붕붕 요란한 소리가 나더니 풍뎅이들이 몰려왔습니다. 엄지공주를 구경하러 온 것입니다.

"귀엽긴 한데 다리가 두 개 뿐이네."

"더듬이도 날개도 없는 걸."

"꼭 작은 사람처럼 생겼어. 인간들은 우리 풍뎅이를 못 살게 구는 장난꾸러기들인데 이 아이도 인간처럼 생겼어."

구경하던 풍뎅이들이 여기저기서 떠들어대자 처음 엄지공주를 데려왔던 풍뎅이도 생각이 달라졌습니다.

"안 되겠군. 괜히 데려와서 미안하지만 이제 네 갈 길로 가라."

풍뎅이는 엄지공주를 다시 감싸안더니 숲에 핀 데이지 꽃잎 위에 내려다놓고 가버렸습니다. 결국 엄지공주는 넓고 넓은 숲속에서 혼자가 되었습니다.

엄지공주는 그 숲에서 여름이 다 지나도록 친구도 없이 쓸쓸하게 지냈습니다. 아침이면 나뭇잎에 맺힌 이슬을 마시며, 풀잎을 엮어 침대를 만들고, 비가 내리면 커다란 나뭇잎 우산을 썼습니다. 다행히도 숲에는 새들의 노랫소리가 있어 좋았습니다.

여름과 가을이 지나가자 숲에 겨울이 찾아왔습니다. 꽃과 나뭇잎은 모두 떨어졌고 무엇보다 노래하던 새들도 어디론가 떠났습니다. 찬바람이 불자 엄지공주는 몸이 떨렸습니다. 엄지공주의 옷은 낡아서 추위를 막을 수 없었습니다.

"어떡하지, 이제 어디로 가야 하지?"

이리저리 궁리하던 엄지공주의 눈에 옥수수 밭 들쥐들이 사는 굴이 보였습니다.

"들쥐님, 저 좀 도와주세요. 춥고 배가 고파요."

"아이고, 딱하기도 해라. 어서 들어오너라."

들쥐 아줌마는 엄지공주를 친절하게 맞이해 주었습니다. 따뜻한 방에서 맛있는 음식을 먹자 엄지공주의 볼이 발그레해졌습니다.

"어디 갈 곳이 없으면 나와 지내도 된단다."

"네, 정말이세요?"

"그럼, 하지만 집안을 청소하고 나에게 재미있는 이야기를 해줘야 한다. 난 이야기 듣는 걸 좋아하거든."

그 뒤로 엄지공주는 들쥐 아줌마 집에서 지내게 되었습니다. 들쥐 아줌마 집에는 음식과 땔감이 가득해 엄지공주는 더 이상 춥거나 배고프지 않았습니다.

그러던 어느 날, 들쥐 아줌마 집에 손님이 찾아왔습니다. 검은 옷을 차려입은 두더지 신사였습니다. 두더지 신사는 예의바르고 멋쟁이처럼 보였습니다. 하지만 햇빛이나 꽃에는 관심이 없었습니다. 어두운 땅 속에서만 살아 눈이 어두웠기 때문입니다.

들쥐 아줌마는 두더지 신사에게 맛있는 음식을 대접하며 엄지공주에게 말했습니다.

"애야, 우리를 위해 노래를 불러주겠니?"

엄지공주가 고운 목소리로 노래를 부르자 두더지와 들쥐 아줌마는 아주 좋아했습니다. 식사를 마친 두더지가 말했습니다.

"들쥐 아줌마, 저 아이랑 우리 집에 초대하고 싶은데 와 주시겠어요?"

"아유, 그럼 고맙지요."

들쥐 아줌마와 엄지공주는 두더지를 따라 나섰는데, 두더지 집으로 가는 굴은 아주 캄캄하고 길었습니다. 두더지 신사가 어두운 길을 안내하며 말했습니다.

"굴속에 죽은 새가 있으니 놀라지 마라. 깃털이 멋진 새인데 정말 안 되었어."

엄지공주는 어두운 땅속 길이 무서웠습니다. 한참을 가던 두더지가 발을 멈추고 말했습니다.

"여기 죽은 새가 있지."

"어머나, 불쌍해라."

누워있는 새는 제비였습니다.

'여름에는 하늘을 날아다니며 아름다운 소리로 지저귀었을 텐데, 어쩌다가 여기에 누워있는 걸까?'

엄지공주는 누워 있는 제비가 불쌍했습니다. 그런데 두더지가 쌀쌀맞게 말하며 제비를 한쪽으로 밀어냈습니다.

"새들은 정말 어리석어. 여름엔 노래 부르며 실컷 놀기만 하다가 겨울에 먹을 것이 없어 굶어 죽지. 우리 두더지들은 미리 겨울 먹이를 준비해

놓는데."

그날 밤 들쥐 아줌마 집으로 돌아온 엄지공주는 두더지 굴에서 본 제비 생각에 잠이 안 왔습니다.

'그 불쌍한 제비를 어떻게 도와주면 좋을까?'

고민을 하던 엄지공주는 부드러운 마른 풀을 엮어 커다란 천을 만들었습니다. 그리고 살금살금 두더지 굴로 가서 제비를 덮어주었습니다.

"제비야, 이제 따뜻할 거야. 너는 죽었기 때문에 다시는 하늘을 날며 노래할 수는 없겠지만, 여름에 네가 불러준 노래로 나는 즐거웠어. 고마워."

엄지공주는 살며시 제비를 껴안아주었습니다. 그런데, 제비의 심장이 아주 약하게 뛰고 있었습니다. 제비는 아직 죽지 않았던 것입니다. 추위에 배가 고파 정신을 잃고 땅에 떨어졌던 것입니다.

"제비를 살려야 해."

엄지공주는 마른 나뭇잎을 잔뜩 가져다 제비를 덮어 주었습니다.

다음 날 일찍 제비를 찾은 엄지공주는 살짝 흔들어보았습니다. 제비는 숨을 쉬고 있었지만 움직이지는 못했습니다. 엄지공주가 부드럽게 쓰다듬어주자 제비가 힘겹게 눈을 떴습니다.

"고마워, 꼬마 아가씨."

"어서 기운을 차리세요."

엄지공주가 나뭇잎에 물을 받아 먹여주자 제비는 조금 기운을 차리고 말했습니다.

"나에게 힘이 생기면 내일이라도 남쪽나라로 날아갈 거야."

"그건 안 돼요. 지금은 추운 겨울이라 바깥은 온통 꽁꽁 얼어 있어요.

그러니 여기서 겨울을 지내도록 하세요. 제가 돌봐 드릴게요."

"고마워. 이 은혜는 잊지 않을게."

그리고 제비는 자기가 왜 남쪽나라로 가지 못했는지 이야기해주었습니다.

"나는 남쪽나라로 떠날 준비를 하다가 실수로 가시덤불에 날개가 찢겼어. 나 혼자 뒤처져서 날아가는데 기운이 빠져 땅에 떨어진 거야. 그 후 어떻게 여기 굴까지 들어왔는지는 나도 잘 모르겠어."

"제비님, 이제 걱정하지 마세요."

엄지공주는 정성껏 제비를 보살펴 주었습니다. 물론 두더지나 들쥐 아줌마한테는 비밀로 했습니다.

드디어 긴 겨울이 지나고 따뜻한 봄이 왔습니다. 봄 햇살이 비춰지자 온 세상에 꽃이 피어나고, 새들의 노랫소리가 가득 퍼졌습니다. 겨울 내내 엄지공주의 보살핌으로 건강해진 제비가 엄지공주에게 말했습니다.

"엄지공주야, 내가 따뜻한 남쪽나라로 데려가 줄게 나랑 함께 가자."

엄지공주는 제비 말대로 하고 싶었지만 고개를 저었습니다.

"아니에요. 제가 떠나면 들쥐 아줌마가 무척 서운해 하실 거예요."

"그래, 그렇다면 나도 어쩔 수가 없구나. 네 은혜는 잊지 않을게."

제비는 하늘로 힘차게 날아갔습니다. 엄지공주는 멀어져가는 제비를 바라보며 인사를 했습니다.

"제비님, 건강하게 안녕히 가세요."

봄이 지나고 여름이 되자 산과 들은 온통 초록빛 잎들로 가득했고, 여기저기서 수많은 새들이 노래를 불렀습니다. 그 아름다운 소리에 엄지공주는 집 바깥으로 나가보고 싶었지만 웬일인지 들쥐 아줌마는 허락하지 않았습니다.

"엄지공주야, 두더지 신사가 네게 청혼을 했구나. 아무 것도 없는 너에게는 얼마나 좋은 일이니? 두더지 신사는 아주 부자니까 결혼만 하면 너는 부러울 게 없을 거야."

하지만 엄지공주는 기쁘지 않았습니다. 사랑하지도 않는 두더지와 결혼하는 것도 싫었고, 또 결혼한 뒤 어두운 땅속 집에서 살아야 한다는 것도 싫었습니다. 하지만 엄지공주의 말은 들어보지도 않고 들쥐 아줌마는 서둘러 결혼 준비를 시작했습니다.

시간이 지날수록 엄지공주는 가슴이 답답해졌고, 그래서 가끔씩 들쥐 아줌마 몰래 굴 바깥으로 나가 먼 하늘을 바라보며 슬퍼했습니다.

어느덧 여름이 지나고 가을이 되자 결혼 준비를 마친 들쥐 아줌마가 말했습니다.

"엄지공주야, 일주일 후에 결혼식을 올릴 거다."

엄지공주는 용기를 내서 말했습니다.

"저는 두더지와 결혼하고 싶지 않아요."

"그런 바보 같은 소리하지 마라. 너처럼 가난뱅이를 받아 주는 게 얼마나 고마운 일인데 그런 쓸데없는 소리를 하니."

엄지공주는 꼼짝없이 두더지에게 시집가야 하는 처지가 되었습니다.

결혼식을 올리기 바로 전날, 엄지공주는 마지막으로 밝은 바깥을 보기 위해 밖으로 나왔습니다. 두더지와 결혼하면 매일 어두컴컴한 땅 속 굴에서 살아야 하기 때문입니다. 엄지공주는 예쁘게 핀 꽃에게 말했습니다.

"예쁜 꽃아, 혹시 작은 제비를 보거든 내가 많이 보고 싶어 하더라고 전해줘."

그때였습니다. 저 멀리서 '지지배배' 하는 제비 노랫소리가 들렸습니다. 엄지공주가 화들짝 놀라 소리가 나는 쪽을 바라보자 옛날 그 제비가 바람을 가르며 날아왔습니다.

"엄지공주야."

다시 만난 제비가 반갑게 인사를 하자 엄지공주는 기쁘면서도 슬펐습니다. 보고 싶던 제비를 만났지만 이제 두더지와 결혼하면 두 번 다시 만날 수 없기 때문입니다. 엄지공주의 표정을 본 제비가 말했습니다.

"왜 무슨 일이 있었어? 왜 그런 슬픈 얼굴을 하고 있어?"

엄지공주는 눈물이 나오는 걸 참아가며 그 동안 있었던 일들을 말해주었습니다. 가만히 듣고 있던 제비가 살며시 엄지공주의 손을 잡으며 말했습니다.

"그런 일이 있었구나. 나는 네가 행복하게 사는 줄 알았는데 그게 아니었구나. 그럼 나랑 같이 따뜻한 남쪽나라로 가지 않을래?"

제비 말에 엄지공주의 눈이 하늘에 떠 있는 해만큼이나 커졌습니다.

"네, 가고 싶어요."

제비는 재빨리 엄지공주의 허리띠를 풀어서 자기 목에 맸습니다. 마치 말을 탈 때 말 탄 사람이 잡을 수 있는 끈 같이 묶은 뒤 엄지공주를 등에 태웠습니다. 그리고 힘차게 하늘로 날아올랐습니다.

제비가 하늘로 쭉 날아오르자 엄지공주는 눈을 질끈 감았습니다. 갑자기 하늘로 올라가니까 무서웠던 것입니다. 그리고 자기도 모르게 끈을 힘껏 잡아당겼습니다.

"캑, 캑. 그렇게 꽉 잡아당기면 내 목이 막히잖아."

제비가 장난스럽게 기침을 하며 말했습니다.

"어머, 미안해요."

재빨리 끈을 느슨하게 잡은 엄지공주는 그때서야 자기가 지금까지 살던 땅을 내려다보았습니다. 들쥐 아줌마랑 두더지 신사가 사는 곳이 발 아래에 아주아주 작게 보였습니다. 엄지공주는 속으로 말했습니다.

'들쥐 아줌마, 인사도 못 드리고 떠나서 미안해요. 그 동안 고마웠고 항상 건강하세요.'

제비는 빠른 속도로 남쪽을 향해 날아가기 시작했습니다. 끝이 보이지도 않는 들판을 지나고, 하늘까지 닿을 듯한 높은 산을 열 개도 넘게 지나갔습니다. 그리고 끝이 없는 듯한 바다도 지났습니다. 많은 곳을 지나 너무 오래도록 날아가자 엄지공주는 제비가 걱정되었습니다.

"제비님, 힘들지 않으세요?"

"하하, 걱정하지 마라. 우리 제비들은 일 년에 한 번씩 이렇게 먼 여행을 한단다."

그 뒤로도 한참을 더 날아 마침내 남쪽나라에 도착했습니다. 제비는 푸른 호숫가로 날아가더니 엄지공주를 내려놓았습니다. 엄지공주는 땅에 내려 주변을 둘러보았습니다. 들판에는 꽃들이 가득했고, 나무에는 열매들이 주렁주렁 열려 있었습니다. 또 멋진 궁궐이 있었는데 그 궁궐에는 수많은 제비집들이 있었습니다. 아름다운 풍경에 놀라는 엄지공주에게 제비가 꽃밭을 가리키며 말했습니다.

"너는 저 꽃들 중 하나에서 살면 돼. 저기 큰 꽃이 좋겠다."

제비는 엄지공주를 데리고 꽃밭 가운데에 있는 가장 아름다운 꽃으로 갔습니다. 꽃에서는 말할 수 없이 달콤하고 향긋한 향기가 퍼져나왔고, 수많은 나비들이 날아다녔습니다. 그런데 꽃향기를 맡던 엄지공주는 눈을 동그랗게 떴습니다. 꽃 한가운데에 청년이 앉아 있었던 것입니다. 청년 키도 꼭 엄지공주만 했고 머리에는 왕관을 썼는데 특이한 건 양쪽 어깨에 날개가 달려 있었습니다. 청년이 엄지공주에게 말했습니다.

"아름다운 아가씨, 나는 꽃의 왕자입니다. 그대의 이름은 무엇이요?"

"엄지공주라고 합니다."

그러자 꽃의 왕자가 쓰고 있던 왕관을 벗어 엄지공주에게 씌워주며 말했습니다.

"나는 오래 전부터 그대를 기다리고 있었소. 나와 결혼해 꽃의 여왕이 되어주시오."

엄지공주는 상냥하고 다정하며 거기에다 씩씩해 보이는 꽃의 왕자가 마음에 쏙 들었습니다. 엄지공주가 고개를 끄덕이자, 꽃마다 깃들여있던 꽃의 요정들이 몰려들었습니다.

"축하해요, 엄지공주님."

"왕자님 축하해요. 드디어 기다리고 기다리던 엄지공주님을 만나셨군요."

그때, 한 요정이 날개 한 쌍을 들고 날아오더니 엄지공주 어깨에 날개를 달아주었습니다. 그러자 날개가 저절로 움직였고 엄지공주는 하늘을 마음대로 날아다닐 수 있었습니다. 엄지공주는 신기한 듯 이 꽃 저 꽃으로 날아다녔습니다. 그 뒤를 꽃의 왕자가 따라왔고 또 꽃의 요정들이 모두 따라왔습니다. 그 모습은 마치 하늘에 아름다운 은가루를 뿌려놓은 듯 반짝반짝 빛났습니다.

이야기해준 뒤 아이와 함께

좋은 인물에게 상장주기

아이 스스로 이야기 속 인물들 중 마음에 드는 인물을 선정해 상장을 주도록 하세요. 단, 아이에게 그 상을 주는 이유를 물어봐야 합니다. 상을 줄 때는 아이가 직접 상장을 만들고 상품도 만들도록 한 뒤, 상장을 받는 역할은 엄마(아빠)가 대신합니다.

인물 소개하기

엄지공주에 나오는 인물들을 하나하나 소개해 보세요. 좋은 인물은 누구이고 왜 좋은지, 나쁜 인물은 누구고 왜 나쁘다고 생각하는지 아이와 함께 이야기해 보세요.

2

밤이 되면 춤추는

열두 공주

이야기 요약

열두 명의 공주들이 밤만 되면 어디론가 갔다가 돌아온다. → 임금님이 이 비밀을 알아내는 사람에게 큰 상을 주고 나라까지 물려주겠다고 한다. → 수많은 사람들이 공주들의 비밀을 알아내려 하였지만 실패한다. → 전쟁터에서 돌아오던 젊은 군인이 길에서 만난 할머니의 도움으로 비밀을 알아내려 한다. → 젊은이는 사흘 동안 공주들을 따라다니며 모든 것을 알아낸다. → 공주들에게 씌워졌던 마법이 풀리고 젊은이는 막내공주와 결혼해 나라를 잘 다스리는 임금님이 된다.

등장 인물

- 열두 공주 : 밤마다 마법에 걸리고 똑같은 마법에 걸린 왕자들과 밤 새 춤을 춘다.
- 막내공주 : 조심성이 많아 작은 일도 그냥 지나치지 않고, 마음씨도 착하다.
- 임금님 : 공주들이 밤마다 어딘가 다녀오는 바람에 걱정을 하며 공주들을 지켜주려 비밀을 밝혀낼 사람을 구한다.
- 열두 왕자 : 마법에 걸려 마법의 성에서 밤마다 열두 공주와 춤을 추어야 한다.
- 젊은이 : 군인인데 전쟁이 끝나고 돌아오는 길에 낯모르는 할머니의 도움으로 열두 공주의 비밀을 풀어주고 막내공주와 결혼한다.
- 할머니 : 마법에 걸린 열두 공주를 위해 젊은이에게 도움을 주는 착한 마녀이다.

이야기 속으로

옛날옛날 아주 먼 옛날, 멀고 먼 어느 나라에 딸을 열두 명이나 둔 임금님이 살았습니다.

열두 공주는 모두 아름답고 착했습니다. 임금님은 그런 공주들을 아주아주 사랑해 딸들이 원하는 거라면 뭐든지 다 해주었습니다. 예쁜 옷과 맛있는 음식을 주고, 또 재미있는 이야기 책도 많이 사주었습니다. 그래서 공주들은 행복하게 지냈습니다. 하루 일이 끝나고 밤이 되면 공주들은 모두 같은 방에서 각자 자신의 침대에서 잠을 잤습니다. 그러면 임금님은 언제나 공주들이 자는 방의 문이 잘 잠겼는지 확인하고 둘러본 뒤에 나갔습니다. 밤에 도둑이라도 들면 안 되니까요.

어느 날 아침이었습니다. 임금님은 그날도 다른 날처럼 아침에 일어나자 가장 먼저 공주들의 방으로 가보았습니다. 사랑하는 딸들이 자고 있는 모습을 보고 싶었기 때문입니다. 그런데 딸들의 방문을 연 임금님의 눈이 화들짝 커졌습니다. 공주들의 신발장에는 다 닳아 빠진 열두 켤레의 구두가 가지런히 놓여 있었기 때문입니다. 어제 저녁에 공주들의 방을 나갈 때는 분명히 깨끗한 새 구두였던 걸 확인했는데 밤 사이에 무슨 일이 있었길래 구두가 모두 닳아버린 건지 알 수가 없었습니다.

이상하게 생각한 임금님은 늦잠을 자고 있는 공주들을 살펴봤습니다. 공주들은 무척 피곤한 듯 임금님이 온 줄도 모르고 깊은 잠에 빠져있었습니다.

'이상하네. 공주들이 어젯밤에 궁전을 빠져나가 밤새 춤이라도 추다

왔나? 그렇지 않고서야 하룻밤 새에 신발이 저렇게 닳을 수가 있나?'

그날부터 임금님은 공주들이 궁궐을 빠져나가지 못하도록 문단속을 더욱 단단히 했습니다. 하지만 이상하게도 아침에 조사해보면 구두가 모두 닳아 있었습니다. 매일 새 신발을 주어도 다음날 아침이면 헌 신발이 되어 있었습니다.

"어허, 이거 참 이상한 일이네. 공주들의 방은 아무도 나갈 수 없게 잠가 두었는데, 어떻게 이런 일이…."

매일 같은 일이 계속되자 이상하게 생각한 임금님은 나라 곳곳으로 신하들을 보냈습니다. 신하들은 각 마을마다 돌아다니며 외쳤습니다.

"모두들 들으시오! 공주들이 밤마다 어디서 춤을 추고 오는지 알아내는 사람이 있으면 임금님께서 그를 공주와 결혼시키고, 임금님이 돌아가신 뒤 임금님의 자리도 물려주시겠답니다."

그 말은 삽시간에 온 나라에 퍼졌고, 이웃나라에까지 퍼졌습니다. 그러자 소문을 들은 다른 나라에서 왕자들이 몰려들었습니다. 열두 공주님들은 아름다울 뿐만 아니라 착하고 공부도 잘 한다고 소문이 났기 때문에 모두들 공주들과 결혼하고 싶어 했습니다.

"내가 공주들이 춤추러 가는 곳을 알아내겠소."

찾아온 왕자들마다 큰소리치며 사흘 동안씩 밤낮으로 공주들의 방을 지켰습니다. 하지만 어느 누구도 알아내는 것은 없었습니다. 이상하게도 밤이 되면 졸음이 쏟아져 결국 잠이 들었기 때문입니다. 지키던 왕자가 잠에서 깨어보면 어느새 공주들은 침대에서 자고 있었고, 열두 켤레의 구두는 모두 닳아있었습니다. 임금님은 아무도 풀지 못하는 일을 어찌해야 할지 매일매일 걱정만 하며 지냈습니다.

그러던 어느 날, 전쟁터에서 돌아오던 젊은 군인 한 명이 궁궐 옆을 지나가게 되었습니다. 오랫동안 전쟁터에서 나라를 위해 싸우느라 몸도 피곤하고, 가난한 집에 돌아가도 앞으로 어떻게 살지 걱정하며 길을 걷고 있었습니다. 그때 젊은이 앞에 할머니 한 명이 나타났습니다.

"이봐요 젊은이. 지금 어디로 가는 길이오?"

젊은이는 피곤해서 대답하기도 귀찮았지만 그래도 나이 많은 할머니가 묻자 아무 생각없이 농담 삼아 대충 대답해드렸습니다.

"보면 모르겠어요? 공주님들이 밤마다 가는 곳을 알아보려고 궁전으로 갑니다. 공주와 혼인을 한 뒤 나중에 임금님이나 돼보려고요."

젊은이의 말을 들은 할머니는 젊은이를 물끄러미 쳐다보았습니다. 젊은이를 살펴보던 할머니가 한참 후에 말했습니다.

"그대는 전쟁터에서 사람을 함부로 죽이지 않았구먼. 마음씨가 착한 것 같으니 내가 알려주는 대로 하면 젊은이가 원하는 걸 얻을 게야."

젊은이는 할머니가 농담하는 줄 알고 그냥 지나가려 했습니다. 그러자 할머니가 다시 말했습니다.

"공주 중에 제일 큰언니인 첫째 공주가 포도주를 주면 절대 마시지 말게. 그 포도주를 마시면 견딜 수 없는 졸음이 쏟아져 아침까지 자게 된다네. 그리고 이건 내가 주는 선물이네."

할머니는 작은 망토 하나를 주었습니다.

"이 망토를 입으면 다른 사람의 눈에 보이질 않게 되지. 그러면 들키지 않고 공주들의 뒤를 따라갈 수 있을게야."

말을 마친 할머니는 망토를 젊은이 손에 쥐어주곤 눈 깜짝할 사이에 어디론가 사라져버렸습니다.

'별 이상한 할머니를 다 보겠네. 그나저나 할머니 말씀이 사실이라면 궁전에나 한 번 가볼까? 지금 집에 가봐야 할 일도 없으니.'

젊은이는 집으로 가던 발걸음을 돌려 궁전으로 들어갔습니다. 그는 임금님 앞으로 가서 말했습니다.

"제가 밤마다 공주들이 가는 곳을 알아내어 임금님의 걱정을 덜어드리겠습니다. 그 일을 무사히 마치면 가장 착하고 지혜로운 공주와 결혼하게 해주십시오."

임금님은 젊은이를 슬쩍 한 번 쳐다볼 뿐이었습니다. 그 동안 수많은 왕자들과 씩씩한 기사들이 모두 나섰지만 아무도 그 비밀을 알아내지 못했습니다. 그런데 초라한 군인이 나타나 자기가 하겠다고 하니 믿을 수가 없었던 것입니다. 하지만 누구든지 도전할 수 있다고 말해놓았기 때문에 임금님은 젊은이를 공주들에게 데리고 갔습니다.

드디어 밤이 되었습니다. 공주들의 방에 젊은이를 남겨둔 채 임금님은 밖에서 방문을 닫고 자물쇠를 채웠습니다. 잠시 후, 첫째 공주가 군인에게 다가와 포도주를 따라주었습니다.

"드세요. 저희들을 도와주러 오신 분께 드리는 것입니다."

"감사합니다."

젊은이는 고맙다는 말을 한 뒤 술을 받아 마셨습니다. 하지만 첫째 공주가 잠깐 한눈을 파는 사이 포도주를 옆에다 몰래 쏟아버렸습니다. 그리고 소매로 입술을 닦으며 말했습니다.

"맛이 좋은 포도주네요. 잘 마셨습니다."

말을 마친 젊은이는 졸린 듯이 하품을 크게 했습니다.

"어? 갑자기 왜 이렇게 졸리지?"

젊은이는 눈을 비비고 고개를 흔들다가 졸음을 참을 수 없다는 듯 스르르 눈을 감았습니다. 옆에서 그 모습을 지켜보던 첫째 공주는 살금살금 발소리가 나지 않도록 동생들이 기다리는 침대로 걸어갔습니다.

"됐다. 젊은이가 잠들었어."

큰언니의 말에 막내공주가 말했습니다.

"언니들, 오늘 밤엔 꼭 무슨 일이 생길 것만 같아요."

그러자 첫째 공주가 막내에게 핀잔을 주었습니다.

"너는 늘 쓸데없는 걱정을 하더라. 그런 걱정하지 말고 젊은이가 정말 잠이 들었는지나 보고 오자."

젊은이가 잠든 척 눈을 감고 있자 공주들이 살금살금 다가왔습니다. 첫째 공주가 젊은이의 얼굴 앞에 손을 흔들어 보이며 말했습니다.

"봤지? 이렇게 코까지 골면서 자잖아. 전쟁터에서 힘들게 싸우느라 피곤해서 포도주를 안 먹였어도 그냥 잠이 들었을 거야."

젊은이가 잠든 걸 확인한 공주들이 모두 침대 옆으로 가더니 첫째 공주가 자기 침대를 세 번 두드렸습니다. 그랬더니 침대가 통째 마루 밑으로 쑥 들어가고 그 자리에 커다란 구멍이 뚫렸습니다. 바닥에 뚫린 구멍에는 길게 계단이 이어져 있었고, 공주들은 그 구멍으로 내려갔습니다. 젊은이도 얼른 투명 요술 망토를 걸치고 뒤를 따라갔습니다.

열두 공주가 줄지어 내려가고 막내공주는 제일 뒤에 따라갔습니다.

그런데 계단은 너무 어두웠고, 막내공주 바로 뒤를 따라가던 젊은이가 실수로 막내공주 옷자락을 밟았습니다. 화들짝 놀란 막내공주가 소리를 질렀습니다.

"어머나, 누가 내 옷자락을 잡아당겼어요."

"쓸데없는 소리 말아! 돌부리에 걸린 거겠지."

첫째 공주의 핀잔에 막내공주는 이상하다는 듯이 주변을 둘러보았습니다. 하지만 아무도 보이지 않았습니다.

한참 동안 내려가자 끝에는 길이 있었습니다. 그 길은 아름다운 숲으로 이어졌고, 숲에 이르자 숲의 나무 잎사귀는 모두 은으로 되어 있어 반짝반짝 빛이 났습니다. 젊은이는 나뭇잎을 신기한 듯 만져보았습니다.

"이런 나무는 처음 보는 걸! 이 은나무의 나뭇가지를 꺾어가야겠다. 증거가 없으면 아무도 내 말을 믿지 않을 테니까."

젊은이는 나뭇가지를 꺾으려 하였습니다. 그러자 나뭇잎들이 쨍그랑 쨍그랑 소리를 냈습니다. 그 소리를 들은 막내공주가 언니들에게 말했습니다.

"언니들, 저 소리 들었어요?"

"응, 우리도 들었어. 아마 바람이 불어 서로 부딪히는 걸거야."

첫째 공주가 별 일 아니라는 듯이 말했습니다.

공주들은 은나무 숲을 지나 또 다른 숲에 이르렀습니다. 뒤따라가던 젊은이의 눈이 더 커졌습니다. 이번 숲의 나무 잎사귀는 모두 금으로 되어 있었습니다.

'우와, 이렇게 신기한 나무가 있다니.'

젊은이는 소리가 나지 않도록 이번에는 조심조심 나뭇가지 하나를 꺾어 품에 넣었습니다.

또다시 한참을 가자 이번에는 다른 숲이 나왔는데, 젊은이의 눈이 더 커졌습니다. 이번 나무에는 다이아몬드가 주렁주렁 달려 있었습니다. 젊은이는 새로운 숲을 지날 때마다 나뭇가지를 꺾어 품에 숨겼습니다.

한참을 더 따라가자 넓은 호수가 나타났습니다. 호숫가에는 작은 배 열두 척이 있었는데, 배에는 젊은 왕자들이 한 명씩 타고 있었습니다.

"아름다운 공주님들 어서 오십시오. 기다리고 있었습니다."

왕자들의 말에 공주들은 이미 알고 있었다는 듯 각자의 배에 탔습니다. 젊은이도 재빨리 막내공주가 탄 배에 올라탔습니다. 젊은이는 투명 요술망토를 입고 있어 아무도 젊은이를 볼 수는 없었습니다. 그런데 다른 배와 달리 막내공주의 배에는 젊은이까지 세 명이 타고 있어 속도도 느리고 또 다른 배보다 조금 더 깊게 물에 잠겼습니다. 고개를 갸우뚱하던 막내공주가 노를 젓는 왕자에게 말했습니다.

"왕자님, 배가 어제보다 천천히 가는 것 같아요."

하지만 왕자는 노를 젓느라 힘이 드는지 막내공주의 말을 듣지 못한 듯했습니다.

배는 찰싹, 찰싹 물을 가르며 앞으로 나가더니 드디어 호수를 건넜고, 그곳에는 아주아주 커다란 성이 있었습니다. 왕자와 공주들이 배에서 내려 성문 앞으로 가자 성문이 저절로 열렸고, 성 안에서는 이상하고 요란한 음악소리가 들렸습니다.

성으로 들어간 열두 명의 공주들과 왕자들은 그 음악에 맞춰서 춤을 추기 시작했습니다. 모두들 즐겁고 흥겨워 시간가는 줄 모르는 듯했습니다. 음악소리를 듣자 젊은이도 자기도 모르게 어깨가 들썩이고 발이 움직이며 저절로 춤을 추게 되었고, 기분이 아주 좋아졌습니다.

그러다가 새벽 세 시가 되자 음악이 끝났습니다. 모두들 얼마나 즐겁게 춤을 추웠는지 구두 바닥이 모두 닳아있었습니다. 공주들은 그런 줄도 모르는 듯 다시 열두 왕자들의 배를 타고 호수를 건너 궁전으로 돌아왔습니다. 젊은이는 이번에도 막내공주의 배에 몰래 타고 호수를 건넌 뒤 배에서 내리자마자 뛰듯이 먼저 궁전으로 돌아와 요술 망토를 벗고 침대에 누워 자는 척했습니다. 나중에 돌아온 공주들은 젊은이가 잠이 든 걸 확인한 뒤 모두들 각자의 침대에서 잠이 들었습니다.

그 뒤에도 공주들은 삼 일 동안이나 더 호숫가 성에 다녀왔고, 젊은이도 그때마다 공주들을 따라갔다 왔습니다.

사흘째 되는 날 아침, 임금님이 공주들의 방문을 열고 들어왔습니다. 공주들은 그때도 잠이 들어 있었습니다. 임금님은 제일 먼저 신발장부터 살펴보았더니 다 닳은 구두 열두 켤레가 있었습니다. 임금님은 실망한 표정으로 젊은이에게 말했습니다.

"자네도 별 수 없구먼. 아무 것도 모르고 잠만 잤나 보군."

"아닙니다. 이것을 보십시오."

젊은이는 주머니에서 은나무, 금나무 그리고 다이아몬드 나뭇가지를 꺼냈습니다.

"제가 이 나뭇가지들을 숲에서 꺾어 왔습니다. 밤마다 마법에 걸린 왕자들 열두 명이 호숫가 커다란 성으로 공주들을 데려가 새벽 세 시까지 음악에 맞춰 춤을 췄습니다. 공주들의 비밀은 이것이었습니다."

젊은이의 말을 들은 임금님은 입을 크게 벌리더니 이마를 손바닥으로 치며 말했습니다.

"아, 이것이 바로 그 할머니가 나에게 알려 줬던 것이로군!"

임금님은 얼마 전에 어떤 할머니가 궁전으로 찾아와 알려줬던 것을 젊은이에게 이야기해주었습니다.

"그 할머니는 자신을 착한 마녀라고 했다네. 그러면서 젊은 남자가 삼 일 동안 공주들이 춤추는 것을 지켜봐준다면 공주들이 마법에서 풀려날 거라고 했지. 그리고 왕자들도 마법이 풀려 각자의 나라로 돌아갈 수 있다고 했어. 자네 덕분에 우리 공주들이 마법에서 풀릴 수 있었군. 무어라고 감사를 해야 할지 모르겠군. 처음에 약속했던 대로 자네를 내 사위로 삼고 나라도 물려주겠네."

말을 하던 임금님은 난처한 표정을 지었습니다.

"그런데 이걸 어쩌나. 공주는 열두 명인데 자네는 한 명 뿐이니 누구랑 결혼을 시켜야 할지 모르겠군."

젊은이는 곰곰이 생각한 뒤에 말했습니다.

"순서로 따지면 큰 언니인 첫째 공주님과 결혼하는 것이 맞겠지만, 그동안 지켜보니 저는 가장 조심성이 많고 작은 일에도 신경써주는 막내 공주님과 결혼하고 싶습니다."

잠에서 깨어 임금님과 젊은이의 대화를 듣고 있던 공주들도 모두 고개를 끄덕였습니다. 막내공주도 침착하고 영리한 젊은이가 좋았습니다.

며칠 뒤, 젊은이와 막내공주는 행복한 결혼식을 올렸습니다. 그리고 시간이 지나 임금님이 돌아가시자 그 뒤를 이어 왕이 되었습니다.

젊은이는 전쟁터에서 서로 싸우는 끔찍한 모습도 많이 봤고, 가난한 사람들이 힘들다는 것도 잘 알기 때문에 전쟁이 없는 나라를 만들었습니다. 또 가난한 사람들을 도와주는 훌륭한 임금님이 되었습니다.

이야기해준 뒤 아이와 함께

재미있는 부분 그림그리기

아이에게 먼저 어떤 부분이 기억에 남는지 물어보고 그 장면을 함께 그려보세요. 예를 들어 공주님들의 뒤를 살금살금 몰래 따라가는 젊은이가 은나무 숲, 금나무 숲, 다이아몬드 숲에서 보석 나뭇가지를 꺾는 장면 등을 그려보세요.

아이에게 이야기 다시 듣기

"○○야, 열두 공주가 춤을 추러 가는 이야기를 들었다며? 아빠도 그 이야기 듣고 싶은데."

엄마가 해준 이야기를 아이가 아빠에게 해주도록 유도합니다. 반대로 아빠에게 들었으면 엄마에게 해줄 수 있는 환경을 만들어주세요. 아이에게 표현력, 어휘력을 길러주는 가장 좋은 방법이며 이야기가 오래도록 기억에 남게 해줍니다. 아이에게 이야기를 들을 때는 "오오", "그래서?", "우와" 등등 맞장구를 쳐주세요.

3

백 년이나 잠을 자는

숲속의 공주

이야기 요약

아이가 없던 왕과 왕비에게 예쁜 공주가 태어났다. → 축하파티에 일곱 명의 요정을 초대했는데 못된 요정이 공주가 열다섯 살 때 죽을 거라고 저주를 내린다. → 하지만 작은 요정이 죽음 대신 백 년 동안 잠들라는 축복을 내린다. → 공주는 열다섯 살이 되자 깊은 잠에 빠진다. → 백 년 후 이웃나라 왕자가 찾아와 공주를 깨워주고 결혼한 뒤 아이들도 낳는다. → 왕자의 엄마가 무시무시한 마녀인데 아이들을 잡아먹으려 한다. → 요리사의 도움으로 마녀를 물리친다.

등장 인물

- 잠자는 공주 : 못된 요정의 저주를 받지만 작은 요정의 도움으로 백 년 동안 깊은 잠에 빠졌다가 왕자의 도움으로 깨어난다.
- 못된 늙은 요정 : 공주의 탄생 축하 파티에서 어린 공주에게 저주를 내리는 못된 성격이다.
- 작은 요정 : 아직 어려 큰 마법은 사용할 수 없지만 영리하고 지혜가 많아 공주를 위험에서 구해주는 착한 요정이다.
- 이웃나라 왕자 : 호기심이 많고 용감한 왕자로 가족인 공주와 아이들을 위해서라면 어떤 일도 한다.
- 오로르 : 잠자는 공주와 이웃나라 왕자의 딸로 오로르는 '새벽'이라는 뜻이다.
- 주르 : 잠자는 공주와 이웃나라 왕자의 아들로 주르는 '낮'이라는 뜻이다.
- 대비마마 : 왕자의 엄마지만 사실은 무시무시한 마녀로 사람을 잡아먹는다.
- 요리사 : 궁궐에서 음식을 만들며, 공주와 아이들을 구해준다.

이야기 속으로

옛날옛날 아주 먼 옛날, 멀고 먼 어느 나라에 왕과 왕비가 있었습니다. 두 사람은 백성들의 존경을 한 몸에 받으며 행복하게 살고 있었습니다. 그런데 마음속까지 모두 행복한 건 아니었습니다. 왜냐하면 결혼한 지 몇 년이 지났지만 두 사람에게는 아이가 없었기 때문입니다.

"우리에게도 귀여운 아이가 있으면 얼마나 좋을까?"

왕비는 아이를 갖게 해달라고 매일매일 기도를 했습니다. 그런데 정말 기적이 일어났는지, 왕비는 아이를 가졌고 열 달이 지나자 귀엽고 예쁜 여자 아이가 태어났습니다. 공주가 태어난 것입니다. 왕과 왕비는 한시도 아기 곁을 떠나지 않고 싱글벙글 아이만 들여다보았습니다.

"우리 공주를 위해 아기 탄생 축하파티를 열어야겠구나."

왕은 즉시 축하파티 준비를 시작했고, 일곱 요정들에게도 초대장을 보냈습니다. 일곱 요정은 나라와 백성들을 위하는 착한 요정들이었습니다. 그런 요정들의 축복까지 받게 된다면 공주는 세상에서 가장 행복한 사람이 되리라고 생각했습니다.

왕은 요정들을 위해 특별한 식사도 준비했습니다. 화려한 무늬의 커다란 접시에 진수성찬을 가득 차렸고 반짝반짝 빛나는 금 숟가락과, 다이아몬드와 루비가 촘촘히 박힌 포크랑 나이프를 준비했습니다. 그리고 초청한 요정의 숫자에 맞춰 일곱 개의 황금 상자 선물도 준비했습니다.

드디어 파티 날이 되었습니다.

"초대해 주셔서 감사합니다."

초청되어 온 일곱 요정들이 활짝 웃으며 인사를 한 뒤 맛있는 식사를 하려 할 때였습니다.

"흥, 나만 빼놓고 파티를 열다니!"

갑자기 현관문 쪽에서 날카로운 목소리가 들렸습니다. 그 목소리는, 축하 파티에 초대받지 못한 나이 많은 못된 요정의 화난 소리였습니다. 그 요정은 심술이 잔뜩 붙어 퉁퉁 부은 얼굴로 거칠게 문을 밀치고 들어왔습니다.

그런데 왕과 왕비가 일부러 그 요정을 초청에서 빠뜨린 게 아니었습니다. 그 요정은 오십 년 전 높은 탑 위로 올라간 뒤, 단 한 번도 내려오지 않아 모두들 죽은 줄 알았습니다.

"아이고 제가 깜빡 잊고 초대를 못했습니다. 죄송합니다."

왕은 서둘러 늙은 요정의 자리를 새로 마련했습니다. 하지만 요정들을 위해 준비했던 황금 상자는 일곱 개 뿐이어서 늙은 요정에게 줄 것은 없었습니다. 자신의 선물만 없자 못된 요정의 얼굴이 붉으락푸르락 해졌습니다. 화가 난 못된 요정은 갓난아기 공주를 향해 소곤소곤 나쁜 주문을 걸기 시작했습니다. 마침 옆에 있던 작은 요정이 늙은 못된 요정의 주문 소리를 들었는데, 깜짝 놀라 못된 요정을 쳐다보았습니다. 못된 요정이 아주 나쁜 저주의 주문을 걸고 있었기 때문입니다.

'이걸 어쩌지? 이 일을 어떻게 하지?'

작은 요정은 안절부절못하다가 못된 요정이 눈치 채지 못하도록 살금살금 벽 뒤로 숨었습니다. 왜냐하면 공주를 위해서는 어떻게 해서든지 늙은 요정보다 나중에 축복을 내려줘야 했습니다. 요정은 축복이나 저주를 한 번 내리면 다시 바꿀 수 없기 때문입니다.

식사가 끝나자 드디어 요정들이 축복을 내리는 시간이 되었습니다. 첫 번째 요정은 공주에게 천사와 같은 착한 마음씨를 가지라고 주문을 외웠습니다. 두 번째 요정은 세상에서 가장 아름다운 사람이 되기를, 세 번째 요정은 공주가 하는 일마다 훌륭하게 이루어지라고, 네 번째 요정은 멋진 춤 솜씨를, 다섯 번째 요정은 꾀꼬리 같은 노래 솜씨를, 여섯 번째 요정은 뛰어난 악기 연주 솜씨를 갖도록 주문을 걸었습니다.

늙은 못된 요정은 앞뒤를 살펴보았습니다. 요정들 중에는 이제 자기만 남았습니다. 못된 요정은 교활하게 웃으며 소리쳤습니다.

"히히히! 공주는 열다섯 살이 될 때 물레 바늘에 찔려 죽을 것이다."

그 소리를 들은 다른 요정들의 얼굴이 파랗게 질렸습니다. 요정들은 이 즐거운 파티에서 못된 요정이 설마 그런 저주를 내릴 줄은 생각지도 못했습니다. 요정들의 축복은 한 사람에게 한 번만 내려줄 수 있는데, 자신들은 이미 축복을 내려준 뒤라 이제 못된 요정의 저주를 막을 수가 없었습니다. 만약 늙은 요정이 그런 저주를 내릴 줄 알았더라면 늙은 요정이 저주를 내린 다음에 저주를 풀 수 있는 축복을 내리면 되었는데….

왕과 왕비도 그런 사실을 알기 때문에 맨 마지막에 늙은 요정이 끔찍한 저주를 내리자 하늘이 무너지는 것 같았습니다. 파티장에 모인 사람들 모두는 부들부들 몸을 떨다가 그만 울음을 터뜨렸습니다. 그때 벽 뒤에 숨어 있던 작은 요정이 나타났습니다.

"너무 걱정 마세요. 아직 제 축복이 남아 있어요."

요정 모두가 축복을 내린 줄 알았던 못된 요정은 생각지도 못한 작은 요정이 나타나자 깜짝 놀랐습니다. 작은 요정은 늙은 못된 요정을 싸늘하게 쳐다본 뒤 말을 계속했습니다.

"공주님은 물레 바늘에 찔려도 죽지 않을 거예요. 제 축복이 남아 있으니까요. 하지만 제 마법의 힘은 아직 약해서 늙은 요정의 저주를 완전히 풀 수는 없어요. 그러니까 공주님이 죽지 않고 깊은 잠에 빠지도록 축복을 내리겠어요. 그리고 백 년이 지난 뒤 어느 왕자님이 공주님을 깨우도록 해드리겠습니다."

작은 요정이 그렇게 축복을 내리자 사람들은 그래도 조금은 안심이 되었습니다. 하지만 왕은 자신의 힘으로 공주를 지켜주고 싶었습니다. 그래서 온 나라에 명령을 내렸습니다.

"이 시간부터 나라 안에 있는 모든 물레를 없애라. 만약 물레를 숨겨두거나 몰래 사용하는 사람이 있으면 용서치 않을 것이다."

하지만 굳이 왕이 그런 명령을 내릴 필요도 없었습니다. 사람들은 축하파티에 있었던 일들을 전해들은 뒤 공주를 위해 모두들 물레를 내다 버렸기 때문입니다.

시간이 흘러, 무럭무럭 자란 공주는 어느새 열다섯 살이 되었습니다. 공주는 요정들의 축복대로 세상에서 가장 착하고 아름다운 소녀로 자랐으며 총명하고 지혜로웠습니다. 또 아름다운 목소리에 춤과 악기 연주 솜씨도 뛰어났습니다. 그러던 어느 날, 왕과 왕비가 여행을 떠나고 궁궐에 혼자 남아있던 공주는 심심해지자 궁궐 구경에 나섰습니다. 궁궐 끝쪽에는 높은 탑도 있었습니다.

"저 탑 꼭대기에는 뭐가 있을까?"

공주는 탑으로 올라갔습니다. 거기에는 작은 방이 하나 있었습니다. 공주가 녹이 잔뜩 슬어 있는 문손잡이를 당기자, 얼마나 오랫동안 열지 않았던지 '삐이이이꺼억' 하는 소리를 내며 문이 열렸습니다. 그런데 방 안에는 백발의 할머니가 물레를 돌리며 실을 잣고 있었습니다. 그 할머니는 태어나서 지금까지 탑 바깥으로 한 번도 나가보지 않고 그곳에서 물레로 실만 만들고 있던 할머니였습니다. 그래서 왕이 온 나라의 물레를 없애라고 명령했다는 것도 전혀 모르고 있었습니다.

"어머, 할머니 그게 뭐예요?"

공주는 처음 보는 물레가 신기했습니다.

"이건 실을 짓는 물레라는 거란다."

갑자기 나타난 예쁜 소녀가 이 나라의 공주인지도 모르는 할머니가 대답했습니다.

"나도 한 번 해볼게요."

공주는 너무나 신기하고 궁금해서 할머니가 말릴 사이도 없이 물레를 덥석 잡았습니다.

"아야!"

물레에 손을 대는 순간 날카로운 물레 바늘에 찔린 공주는 그 자리에 푹 쓰러졌습니다.

"애야, 애야, 왜 그러니?"

당황한 할머니가 외치는 소리를 듣고 하녀들이 쫓아왔습니다. 하녀들은 급히 의사를 부르고, 공주의 뺨을 찰싹찰싹 때려보기도 하고, 얼굴에 찬물도 끼얹어보았습니다. 공주를 깨우기 위해 온갖 방법을 다 썼지만 한번 잠이 든 공주는 깨어나지 않았습니다.

소식을 듣고 급히 궁궐로 돌아온 왕과 왕비는 십오 년 전 늙은 못된 요정의 저주가 생각나 온몸이 떨렸습니다. 하지만 이제는 어쩔 수 없었습니다. 요정의 저주를 풀 수 있는 방법이 없었기 때문입니다. 왕과 왕비는 궁궐에서 가장 아름다운 방에 황금 침대를 놓고 공주를 편안히 뉘었습니다. 이제 공주는 백 년 동안이나 깊은 잠에 빠져 있어야 합니다.

궁궐에서 일어난 일은 작은 요정의 귀에도 들어갔습니다. 소식을 들은 작은 요정은 깊은 생각에 잠겼습니다.

'공주가 백 년 후에 잠에서 깨어나면 주변에는 아무도 없을 것이다. 백 년이 지나면 지금의 왕과 왕비, 신하들은 모두 늙어죽을 것이기 때문에 공주는 혼자 남게 된다.'

작은 요정은 공주가 가여웠습니다. 그래서 고민 끝에 왕과 왕비를 뺀 궁궐 안의 사람들을 모두 잠재우기로 했습니다. 요리사, 유모, 하녀, 군사들은 물론 공주가 아끼던 강아지까지도 잠이 들도록 했습니다. 공주가 다시 깨어날 때 모두들 함께 깨어나도록 했던 것입니다. 왕과 왕비는 나라를 계속 다스려야 하기 때문에 잠들게 할 수 없었습니다.

왕과 왕비는 잠든 공주의 뺨에 입을 맞춘 뒤 모든 백성들에게 명령을 내렸습니다.

"어느 누구도 이 궁궐에 들어오면 안 된다. 만약 명령을 어긴 자가 있다면 큰 벌을 내릴 것이다."

왕과 왕비가 궁궐을 떠나자 백성들은 궁궐 근처에는 얼씬도 하지 않았습니다.

사람의 발길의 끊기자 궁궐 주위에는 사람 키보다 더 높게 풀이 자라고 가시덤불이 궁궐 벽을 칭칭 감쌌습니다. 또 나무들이 빽빽하게 자라나 커다란 숲으로 변해 어디에 궁궐이 있는지 알 수 없게 되었습니다. 그러자 사람들 사이에서는 이상한 소문이 퍼졌습니다. 숲으로 싸여있는 궁궐에는 사람을 잡아먹는 괴물이 산다고도 하고, 나쁜 마법사들이 밤이면 모여들어 무시무시한 파티를 연다고도 했습니다. 소문 중에는 아름다운 공주가 잠들어 있다고 하는 소문도 있었지만 그보다는 무시무시한 소문 때문에 사람들은 숲에 가까이 오지 않았습니다.

그 뒤로 다시 많은 세월이 흘렀고, 어느새 백 년이 지났습니다.

하늘도 맑고 햇빛이 따사로운 봄날, 이웃나라 왕자가 시종들과 함께 사냥을 나왔다가 숲까지 오게 되었습니다. 왕자도 숲에 싸여있는 궁궐에 대한 여러 가지 소문은 들었습니다. 처음에는 별로 관심이 없었는데 자기가 직접 그 숲까지 들어와서 보니 호기심이 생겼습니다.

"사람을 잡아먹는 무시무시한 괴물이 산다는 게 정말일까? 그리고 아름다운 공주가 잠자고 있다는 소문도 있던데."

숲 여기저기를 살펴보던 왕자 눈에 가시덤불로 감싸여 있는 궁궐이 살짝 보였습니다. 왕자는 시종들은 바깥에서 기다리게 한 뒤, 칼과 활을 단단히 움켜쥐고 풀들을 헤치며 궁궐 쪽으로 다가갔습니다. 그때 신기한 일이 일어났습니다. 왕자가 앞으로 나아가자 빽빽하던 나무와 풀이 양 옆으로 벌어지며 딱 한 사람이 지나갈 수 있는 길을 만들어주고, 뱀처럼 성을 감싸고 있던 가시덤불들이 마치 실이 풀려나가듯 스르르 풀어졌습니다. 또 왕자가 가까이 다가가자 궁궐 문이 서서히 열렸습니다.

왕자는 궁궐 안으로 들어갔습니다. 궁궐 안에는 하녀들이 석고상처럼 굳은 채로 깊은 잠에 빠져 있었고, 병사들도 칼과 창을 든 채, 요리사는 음식 쟁반을 든 채로 잠들어 있었습니다. 왕자는 궁궐 여기저기를 살펴보다가 잠겨 있는 문 앞에까지 왔습니다. 그곳은 백 년 동안이나 잠들어 있는 공주의 방문 앞이었습니다. 왕자가 양손으로 문을 밀자 '끼이이이' 하는 소리를 내며 문이 양쪽으로 열렸습니다.

방안은 커튼이 쳐져 있어 어둑어둑했는데 왕자가 커튼을 젖히자 방 가운데 놓인 황금 침대에 아름다운 공주가 쌔근쌔근 잠들어 있는 게 보였습니다. 왕자는 자신도 알 수 없는 힘에 끌려 공주에게 살짝 입을 맞추었습니다. 그러자 마치 아침잠에서 깨듯이 공주가 기지개를 켜며 눈을 떴습니다. 주변을 두리번거리던 공주는 자기 앞에 왕자가 서 있는 걸 보고 말했습니다.

"당신이 나를 깨워주셨군요."

그런데 더 신기한 일이 일어났습니다. 공주가 깨어나자 궁궐의 모든 식구들이 하나 둘 눈을 뜨기 시작했습니다. 잠에서 깬 하녀들은 궁궐 여기저기를 청소하느라 바빴고, 병사들은 궁궐에 혹시 도둑이라도 들지 않았는지 조사하고 다녔습니다. 그리고 요리사들은 맛있는 음식을 만들기 시작했습니다. 궁궐에서 맛있는 냄새가 풍겨오자 궁궐 바깥에서 왕자를 기다리던 시종들도 모두 궁궐로 들어와 맛있는 음식을 먹으며 즐거워했습니다.

왕자와 공주는 서로 사랑하게 되었고, 궁궐에서 둘만의 결혼식을 올렸습니다.

행복한 시간을 보내던 왕자는 며칠 후 자기 나라로 돌아가게 되었습니다. 하지만 공주를 데려갈 수는 없었습니다. 사실 왕자에게는 고민이 있었는데, 왕자의 어머니인 왕비가 사람을 잡아먹는 무시무시한 마녀였던 것입니다. 왕자는 그런 사실을 공주에게 도저히 말할 수 없어 다른 핑계를 대며 지금 데려갈 수 없으니 잠시만 기다려 달라고 했습니다.

그 뒤로 시간이 흘러 몇 년이 지났습니다. 왕자는 여전히 자기 나라와 이쪽 궁궐을 왔다 갔다 하며 지내는 동안 예쁜 두 명의 아이들도 태어났습니다. 첫째는 딸이었는데 이름은 새벽이라는 뜻의 '오로르'였고, 둘째는 아들로 낮이라는 뜻의 '주르'라고 지었습니다.

그러다가 다시 일 년이 더 지난 뒤 왕자의 아버지인 왕이 병으로 죽자 왕자가 뒤를 이어 새로운 왕이 되었습니다. 왕자는 드디어 사랑하는 공주와 아이들을 자기네 나라 궁궐로 데려갈 수 있었습니다. 왕비가 아무리 무시무시한 마녀라 해도 왕이 못하게 하면 공주와 아이들을 잡아먹을 수 없기 때문입니다.

왕자가 공주와 아이들을 데리고 자신의 궁궐로 돌아오자 공주는 새 왕비가 되었고, 왕자의 어머니인 마녀는 대비마마가 되었습니다. 무시무시한 마녀 대비마마지만 왕이 곁에서 지켜주는 새 왕비와 아이들에게 나쁜 짓을 할 수가 없었습니다.

그런데 어느 날, 갑자기 이웃나라가 쳐들어왔습니다. 왕은 나라를 지키기 위해 급히 군사들을 모아 전쟁터로 나가야 했습니다. 왕은 전쟁터로 나가기 전에 걱정이 되어 대비마마에게 말했습니다.

"적을 무찌르고 금방 돌아올 테니 새 왕비와 아이들에게 못된 짓을 하지 마세요. 만약 못된 짓을 한다면 아무리 대비마마라고 해도 큰 벌을 내릴 겁니다."

하지만 대비마마는 왕이 궁궐을 떠나자마자 새 왕비와 아이들을 숲속으로 쫓아내고는 궁중 요리사에게 명령했습니다.

"그 동안 왕 때문에 보기 싫은 그것들과 함께 있느라 미칠 뻔했다. 너는 지금 당장 숲속으로 가서 오로르를 잡아다 요리를 해오거라. 쩝, 쩝."

대비마마는 혀를 날름거리며 침을 질질 흘렸습니다. 하지만 요리사는 정말 하기 싫은 일이었습니다. 그런데 안하겠다고 하면 대비마마가 자기를 가만 두지 않을 것이기 때문에 터벅터벅 숲으로 갔습니다.

요리사가 숲으로 들어가자 오로르와 주르가 뛰어나 반갑게 맞아주었습니다. 궁궐에 있을 때 요리사는 오로르와 주르에게 맛있는 음식을 자주 만들어주었기 때문에 아이들도 요리사를 무척 좋아했던 것입니다. 요리사는 자기를 반겨주는 오로르에게 차마 나쁜 짓을 할 수가 없었습니다. 이렇게 착하고 귀여운 아이를 어떻게 요리로 만들 수 있을까요. 요리사는 오로르 대신 양을 잡아다 요리를 해서 대비마마에게 가져다주었습니다. 대신 오로르는 자기 집 지하실에다 몰래 숨겨두었습니다.

"오로르야. 이곳에서 큰소리를 내거나 바깥으로 나오면 안 된다. 대비마마에게 들키면 너도 큰일 나지만 나도 큰 벌을 받게 될 테니까."

며칠 후 대비마마가 이번에는 주르를 잡아다 요리를 만들라고 했습니다.

'대비마마는 사람이 아니라 정말 무시무시한 마녀구나.'

요리사는 그렇게 생각하며 이번에도 주르 대신 염소를 잡아다 요리해주었습니다. 물론 주르도 자기 집 지하실에 숨겨주었습니다.

또 며칠이 지나자 대비가 이번에는 새 왕비마저 잡아오라고 시켰습니다. 요리사는 새 왕비가 있는 숲속으로 가보았습니다. 요리사를 본 왕비는 모든 걸 포기한 표정으로 슬프게 말했습니다.

"사랑하는 우리 아이들이 없는 이곳에서는 나도 더 이상 살고 싶지 않아요. 나도 우리 아이들을 따라 하늘나라로 가고 싶어요."

새 왕비는 오로르 공주와 주르 왕자가 죽은 줄 알고 있었던 것입니다. 요리사가 왕비 곁으로 다가와 귓속말로 말했습니다.

"새 왕비님, 오로르 공주와 주르 왕자님은 제가 저희 집 지하실에 숨겨드렸습니다. 새 왕비께서도 왕이 돌아오실 때까지 그곳에 아이들과 함께 숨어 있으세요. 대신 떠들거나 바깥으로 나와서는 안 됩니다. 대비마마에게 들키면 큰일 나거든요."

새 왕비를 지하실에 숨겨준 요리사는 사슴을 잡아 요리를 만들어 양념을 듬뿍 친 뒤 대비마마에게 가져다주었습니다. 대비마마는 사슴 요리를 맛있게 먹으며 말했습니다.

"왕이 돌아오면 세 명 모두 늑대에게 물려갔다고 하면 되지 뭐."

그런데 생각지도 못한 큰일이 생기고 말았습니다. 아침 늦게까지 잠을 잔 대비마마가 세수도 안한 채 숲으로 산책을 나갔던 것입니다. 그리고 숲 끝나는 곳에 있는 요리사의 집 앞을 지날 때였습니다.

"호호호, 하하하, 그래그래 아주 재미있구나."

요리사 집 지하실에서 많이 들어본 목소리들이 소곤소곤 들렸습니다. 재미있다는 듯 이야기를 나누며 웃기도 하는 소리였습니다.

'누구지? 분명히 어디서 많이 듣던 목소린데…. 아, 맞다. 이건 새 왕비와 아이들 소리다.'

대비마마는 당장 신하들을 시켜 요리사네 집 지하실을 뒤졌고, 그곳에 숨어있던 새 왕비와 오로르, 주르가 잡혀왔습니다. 요리사도 너무너무 무서워 한쪽에서 벌벌 떨고 있었습니다.

대비마마는 화가 나서 버럭버럭 소리를 질렀습니다.

"굶주린 독사들과 전갈, 지네들이 우글우글하는 통에다 저 꼴 보기 싫은 새 왕비와 아이들, 그리고 저기 저 요리사도 함께 던져 넣어라."

신하와 군사들도 착한 새 왕비와 아이들에게 그렇게 하기는 정말정말 싫었습니다. 하지만 대비마마의 명령을 안 들으면 자기들도 그 통으로 던져질 것이기 때문에 어쩔 수 없이 명령에 따랐습니다. 군사들은 내키지 않았지만 새 왕비와 아이들을 통 앞으로 끌고 왔습니다. 통 안에서는 징그러운 독사와 벌레들이 우글우글 꿈틀꿈틀 했습니다.

"어서 던져 넣어라!"

대비마마는 버럭 소리치며 명령했습니다. 바로 그때였습니다. 궁궐문 쪽에서 요란한 말발굽 소리가 들리더니 왕이 군사들을 이끌고 들이닥쳤습니다. 전쟁에서 이긴 왕이 돌아온 것입니다. 왕은 눈앞에서 벌이지고 있는 모습을 보고 군사들에게 급하게 명령했습니다.

"당장 그만 두지 못할까?"

새 왕비와 아이들을 붙잡고 있던 군사들은 모두 잘 되었다는 표정으로 재빨리 풀어주었습니다. 그러자 화가 난 대비마마는 길길이 날뛰다가 그만 발을 헛디뎌 독사와 벌레들이 우글거리는 통 속으로 떨어지고 말았습니다. 떨어진 대비마마는 비명을 지를 틈도 없었습니다. 며칠이나 굶어 잔뜩 배가 고팠던 독사와 벌레들이 눈 깜짝할 사이에 먹어치워 뼈도 찾을 수가 없었습니다.

비록 무시무시한 마녀였지만 그 모습을 보고 모두들 안타까워했습니다. 특히 왕은 몹시 슬펐습니다. 왕이 눈물을 흘리자 새 왕비와 오로르, 주르가 다가와 살며시 손을 잡아주었습니다. 왕은 사랑하는 가족들이 무사한 것을 보고 하늘에 감사드렸습니다.

이야기해준 뒤 아이와 함께

인물 소개하기

아이와 함께 '숲속의 공주'에 등장하는 인물들을 소개해보세요. 아이가 잘 기억하지 못하면 "오로르는 누구일까?", "주르는 누구일까?" 등등을 물어보세요.

등장인물 그림으로 그리기

아이에게 위 이야기에 나오는 "마녀는 어떤 모습일까?"라고 물어본 뒤 함께 그림으로 그려보세요. 그림으로 그릴 때는 이야기에서 묘사되고 있는 마녀의 모습을 다시 한 번 상기시켜주세요.

4

세상에서 제일 예쁜

백설공주

이야기 요약

착하고 예쁜 딸을 얻고 싶다는 왕비의 소원으로 백설공주가 태어났다 → 몸이 약해진 왕비가 죽자 마녀가 새 왕비로 들어온다. → 새 왕비에게는 아름다운 사람이 누군지 알려주는 요술 거울이 있었는데 어느 날부터 백설공주가 세상에서 가장 예쁘다고 말한다. → 질투가 난 새 왕비는 백설공주를 없애려하지만 사냥꾼이 살려주어 숲속 일곱 난쟁이 집에서 살게 된다. → 이 사실을 안 새 왕비는 방물장수로 변장하고 찾아와 백설공주의 허리를 비단 끈으로 묶어 쓰러뜨리지만 난쟁이들의 도움으로 살아난다. → 새 왕비는 독 묻은 빗을 이용해 백설공주를 쓰러뜨리지만 또 난쟁이들이 살려낸다. → 새 왕비는 백설공주에게 독사과를 먹여 기어이 쓰러뜨린다. → 백설공주가 깨어나지 않자 난쟁이들은 유리로 만든 관에 넣어둔다. → 이웃 나라 왕자가 백설공주의 관을 자기 나라로 가져가는데 목에 걸린 사과가 튀어나와 살아난다. → 두 사람은 행복하게 살았고, 새 왕비는 큰 벌을 받았다.

등장 인물

- 백설공주 : 순진하고 너무 착해 왕비에게 속아 목숨이 위험하게 되지만 나중에는 이웃나라 왕자와 행복하게 산다.
- 새 왕비 : 못된 마녀인데, 백설공주가 자라면서 자기보다 아름다워지자 못된짓을 저지른다.
- 일곱 난쟁이 : 깊은 숲속에서 광산 일을 하는데 위험에 빠진 백설공주를 구해준다.
- 왕자 : 백설공주를 살려낸 뒤 행복하게 살고, 못된 새 왕비에게 벌을 내린다.

이야기 속으로

옛날옛날 아주 먼 옛날, 멀고 먼 어느 나라에 왕궁이 있었습니다.

눈이 많이 내린 어느 겨울날, 아름다운 왕비가 창가에 앉아 바느질을 하고 있었습니다. 그런데 잠깐 다른 생각을 하다가 바늘에 손가락을 찔리고 말았습니다. 빨간 피가 하얀 눈 위에 똑, 똑, 똑 떨어졌습니다.

"아, 눈처럼 하얀 피부에 피처럼 빨간 입술, 창틀처럼 검은 머리카락의 귀여운 아이를 낳을 수 있다면 얼마나 좋을까?"

얼마 후, 왕비의 소원처럼 눈처럼 하얀 피부와 검은 머리카락, 빨간 입술의 아기가 태어나자 왕비는 아기 이름을 백설공주라고 지어주었습니다. 그런데 문제가 생겼습니다. 그렇지 않아도 몸이 약했던 왕비는 아기를 낳은 뒤 시름시름 앓다가 얼마 뒤에 죽고 말았습니다.

나라에 왕비가 없으면 안 되기에 왕은 새 왕비를 맞아들였는데, 새 왕비에게는 아무도 모르는 비밀이 있었습니다. 새 왕비는 겉만 아름다웠지 사실은 마녀였던 것입니다. 그런 새 왕비가 가장 아끼는 보물은 '진실을 말하는 거울'이었습니다. 새 왕비는 그 거울을 벽에 걸어놓고 매일 물어보았습니다.

"거울아 거울아. 세상에서 누가 제일 예쁘니?"

왕비가 물으면 거울은 항상 이렇게 대답했습니다.

"왕비마마가 세상에서 가장 예쁘답니다."

허영심 많은 왕비는 요술거울의 그 말을 듣는게 제일 좋았습니다.

그런데 백설공주가 자라는 모습을 지켜보는 새 왕비는 불안해지기 시작했습니다. 백설공주가 점점 예뻐지기 시작했던 것입니다. 그러던 어느 날, 왕비는 아침에 일어나자 그날도 요술거울한테 물었습니다.

"거울아 거울아. 세상에서 누가 제일 예쁘니?"

당연히 '왕비마마가 제일 예쁩니다'라고 할 줄 알았는데 거울이 엉뚱한 대답을 했습니다.

"왕비마마도 예쁘지만 백설공주가 천 배는 더 예쁘답니다."

"꺄아아악!"

불같이 화가 난 왕비는 비명을 지르며 사냥꾼을 불렀습니다.

"너는 지금 가서 아무도 모르게 백설공주를 없애라. 그리고 그 증거로 백설공주의 간을 가져오너라."

왕비는 백설공주가 자기보다 아름답다는 말에 질투가 나 견딜 수가 없었던 것입니다.

사냥꾼은 백설공주에게 재미있는 사냥을 가르쳐주겠다며 숲으로 데려갔습니다. 숲 깊이 들어간 사냥꾼은 주위에 사람이 없다는 걸 살핀 뒤 사냥칼을 꺼내들었습니다. 그때서야 사냥꾼의 생각을 알아차린 백설공주가 흐느끼며 말했습니다.

"사냥꾼 아저씨, 저를 살려주시면 더 깊은 숲으로 들어가 다시는 궁전에 돌아가지 않을게요."

눈물을 뚝뚝 흘리며 우는 불쌍한 백설공주를 본 사냥꾼의 마음이 흔들렸습니다. 하지만 백설공주를 살려주면 왕비가 자신을 가만두지 않을 거라는 걸 알기 때문에 이럴 수도 저럴 수도 없었습니다. 사냥꾼은 고개를 숙인 채 한참 생각을 하더니 말했습니다.

"그럼 왕비 눈에 띄지 않을 깊은 숲속으로 멀리멀리 도망가거라. 그래야 너도 살고 나도 산다."

백설공주는 몇 번이나 고맙다고 한 뒤 숲속으로 뛰어갔습니다.

백설공주가 멀리 사라지는 걸 본 사냥꾼은 왕궁으로 돌아오는 길에 멧돼지를 잡아 간을 꺼내 왕비에게 가져다주었습니다. 왕비는 그 간을 보고 백설공주가 죽었다고 믿었습니다.

한편, 숲속에서 홀로 헤매던 백설공주는 너무 지쳐 쓰러질 지경이었습니다. 그때 숲속 저편에 작은 오두막집이 보였습니다.

'이 깊은 숲속에 웬 오두막집이지?'

백설공주는 목도 마르고 배도 고파 일단 오두막집으로 들어갔습니다. 집안에는 모든 물건이 예쁘게 정리되어 있었고, 탁자 위에는 일곱 개의 접시와 음식도 차려져 있었습니다. 숟가락과 포크, 물컵도 일곱 개가 있었는데, 신기한 건 그것들 모두가 작았습니다. 마치 아이들이 사용한 것처럼 작았습니다.

배가 고팠던 백설공주는 차려진 음식과 물을 정신없이 먹었습니다. 일곱 개 접시의 음식을 모두 먹고 나자 배가 불렀고, 그때야 피곤함이 몰려와 눕고 싶었습니다. 그러나 침대도 모두 작아 맞는 침대가 없었습니다. 하나하나 누워보았더니 그나마 일곱 번째 침대가 겨우 맞았고, 백설공주는 침대에 눕자 금방 잠이 들었습니다.

얼마나 시간이 지났을까. 해가 지면서 주위가 어둑어둑해지자 일곱 난쟁이들이 나타났습니다. 그 난쟁이들은 산에서 광석을 캐는 광부들이었는데 낮에는 광석을 캐고 밤이 되자 집으로 돌아온 겁니다. 그 오두막

집은 일곱 난쟁이들의 집이었던 것입니다. 집으로 들어서던 난쟁이들은 집에 누군가 들어왔다는 걸 금방 알아차렸습니다.

첫 번째 난쟁이가 고개를 갸우뚱하며 말했습니다.

"누가 내 의자에 앉았지?"

두 번째 난쟁이가 눈썹을 찡그리며 말했습니다.

"누가 내 접시의 음식을 먹었지?"

세 번째 난쟁이가 코를 킁킁거리며 말했습니다.

"누가 내 빵을 먹었지?"

네 번째 난쟁이가 귀를 쫑긋대며 말했습니다.

"누가 내 야채를 먹었지?"

다섯 번째 난쟁이가 발을 쿵쿵 구르며 말했습니다.

"누가 내 포크를 사용했지?"

여섯 번째 난쟁이가 컵을 흔들며 말했습니다.

"누가 내 물을 마셨지?"

그때 일곱 번째 난쟁이가 큰소리로 외쳤습니다.

"이리 와봐. 누가 내 침대에서 자고 있어!"

일곱 난쟁이들이 우르르 몰려갔습니다. 그곳에서는 예쁜 소녀가 잠들어 있었습니다.

"이 아이를 좀 봐. 어쩌면 이렇게 사랑스러울까?"

침대를 빼앗긴 일곱 번째 난쟁이는 소파에서 자야 했지만 난쟁이들은 아침까지 백설공주를 깨우지 않았습니다.

아침이 되어 백설공주가 깨어나자 난쟁이들이 우르르 몰려들어서 백설공주를 에워쌌습니다.

"너는 누구고, 여긴 어떻게 왔지?"

백설공주는 자신을 소개한 뒤 그 동안 있었던 일들을 말해주었습니다. 그리고 자신은 갈 곳이 없으니 여기서 지내게 해달라고 부탁했습니다. 난쟁이들은 자기들끼리 머리를 맞대고 의논하더니 말했습니다.

"좋아, 그럼 요리와 청소를 해 준다면 여기서 지내도록 해주겠다.'

사실 난쟁이들도 탄광에서 하루 종일 광석을 캐고 다듬은 뒤 내다 파느라 집안 청소나 요리할 시간이 없었던 것입니다.

하루하루 지나면서 일곱 난쟁이는 착한 백설공주를 아주 좋아하게 되었습니다. 백설공주는 난쟁이들에게 맛있는 음식도 만들어 주고, 집안 청소도 해주고, 저녁식사 후에 재미있는 이야기도 해주고, 아코디언 연주에 맞춰 함께 춤도 추었습니다.

백설공주가 이 곳까지 오게 된 이유를 안 난쟁이들은, 백설공주가 살아 있다는 걸 새 왕비가 안다면 또 못된 짓을 할 거라는 것도 알았습니다. 그래서 아침에 일터로 나갈 때면 백설공주에게 신신당부를 했습니다.

"우리가 없는 동안 누가 오면 절대 문을 열어 주지 말아야 한다."

그런데 머지않아 난쟁이들의 걱정은 현실이 되었습니다.

어느 날 아침, 새 왕비는 잔뜩 기대하는 마음으로 요술거울에게 물었습니다. 이제 백설공주가 죽었으니 세상에서 자기가 제일 예쁠 거라고 생각했던 것입니다.

"거울아 거울아. 이 세상에서 누가 제일 예쁘니?"

거울이 대답했습니다.

"왕비마마, 여기서는 당신이 제일 예쁘지만 숲속 일곱 난쟁이 집에 사는 백설공주가 왕비님보다 천 배는 예쁘답니다."

거울의 말에 기절할 듯이 화가 난 새 왕비는 당장 사냥꾼을 잡아와 캐물었습니다. 결국 사냥꾼이 자신을 속인 사실을 알아냈고, 어떻게 하면 백설공주를 없앨 수 있을지 고민했습니다.

'그래, 그 방법이 있었어.'

새 왕비는 재빨리 방물장수로 변장한 뒤 숲속 난쟁이 집으로 찾아갔습니다. 방물장수란 여자들에게 필요한 화장품이나 바느질 도구 등을 파는 사람을 말합니다.

"예쁜 물건 사세요. 먼 나라에서 온 신기한 물건이에요."

방물장수는 난쟁이 집 현관문을 똑똑 두드리며 상냥하게 말했습니다. 낯선 사람에게는 절대 문을 열어주지 말라던 난쟁이들의 당부를 깜빡 잊은 백설공주는 호기심에 문을 열어주었습니다.

새 왕비는 백설공주에게 말했습니다.

"자, 이 예쁜 비단 허리끈을 보렴. 너처럼 착한 아이들에게 꼭 맞을 것 같구나. 뒤로 돌아보거라. 내가 예쁘게 묶어주마."

백설공주가 뒤돌아서자 새 왕비는 뒤에서 공주의 허리를 있는 힘껏 졸라맸습니다.

"아, 아파요. 그만, 그만."

새 왕비가 갑작스럽게 허리를 세게 묶자 숨을 못 쉬게 된 공주는 그 자리에 쓰러졌습니다. 백설공주가 쓰러지자 난쟁이들이 언제 올지 몰라 겁이 난 왕비는 급히 그 자리를 떠났습니다.

저녁이 되어 광산에서 돌아온 난쟁이들은 백설공주가 현관문 앞에 쓰러져 있자 깜짝 놀랐습니다. 난쟁이들은 서둘러 백설공주 허리에 묶인 끈을 풀고 집 안으로 옮긴 뒤 불을 지펴 몸을 따뜻하게 해주자 백설공주가 깨어났습니다. 난쟁이들은 좋아서 서로서로 손을 맞잡고 펄쩍펄쩍 뛰었습니다.

며칠 뒤, 공주가 다시 살아난 것을 알게 된 새 왕비는 이번에는 빗을 파는 할머니로 변장해 독 묻은 빗을 가지고 공주를 찾아왔습니다.

"좋은 빗이 있어요. 안 사도 좋으니 그냥 구경만 하세요."

할머니가 친절하게 말하자 백설공주는 또 호기심이 생겨 문을 열어주었습니다. 그러자 할머니는 호들갑스럽게 말했습니다.

"자, 내가 머리를 빗겨주마."

그러면서 재빨리 백설공주의 머리에 빗을 꽂았습니다. 그러자 빗에 묻은 독이 몸에 퍼져 백설공주는 그 자리에 쓰러졌습니다.

백설공주가 쓰러지자 새 왕비는 이번에도 난쟁이들이 언제 올지 몰라 급히 돌아갔습니다.

저녁 때 난쟁이들이 돌아와 보니 백설공주가 또 현관 앞에 쓰러져 있었습니다. 난쟁이들은 이번에도 허리띠에 묶여 있나 백설공주 몸 이곳저곳을 살펴봤지만 허리띠는 없고 못 보던 빗이 머리카락에 꽂혀 있었습니다. 난쟁이들이 그 빗을 쏙 뽑자 백설공주는 부스스 깨어났습니다. 난쟁이들은 백설공주에게 다시 한 번 당부했습니다.

"낯선 사람이 문을 열어달라고 하면 절대 열어주지 말거라."

이번에는 백설공주도 꼭 그러겠다고 다짐했습니다.

며칠 뒤, 거울에게 물어보던 새 왕비는 공주가 다시 살아났다는 걸 알고 이번에는 사과를 파는 노파로 변장해, 독이 잔뜩 묻은 사과를 가지고 숲속 난쟁이들 집으로 찾아왔습니다.

"맛있는 사과 사세요. 맛있는 사과 사세요."

백설공주도 이번에는 선뜻 문을 열어주지 않았습니다. 대신 현관문을 살짝 열고 문틈으로 내다보자 새 왕비는 맛있어 보이는 사과 하나를 내밀며 말했습니다.

"이 사과 맛있어 보이지? 너는 착한 아이 같으니까 선물로 주마."

노파가 내민 빨간 사과는 누가 봐도 맛있어 보이는 사과였습니다. 백설공주는 문틈으로 그 사과를 보자 입에 침이 고였습니다. 하지만 난쟁이들이 낯선 사람에게는 절대 문을 열어주지 말라는 말도 잊지 않았습니다. 백설공주가 망설이자 노파가 말했습니다.

"난 나쁜 사람이 아니란다. 이 사과는 아무렇지도 않은 사과야."

그러면서 자신이 사과 한쪽을 잘라 먹고 나머지 반쪽은 백설공주에게 내밀었습니다. 하지만 자기가 먹은 사과는 백설공주가 못 보는 사이에 재빨리 껍질에 묻은 독을 닦아내고 먹었던 겁니다. 사과 장수 노파가 새 왕비라는 걸 전혀 모르는 백설공주는 현관문을 열고 나왔고, 빨간 사과를 받아 한 입 베어 먹었습니다.

"아, 왜 이렇게 졸음이 쏟아지지?"

사과를 입에 넣자마자 독이 온 몸으로 퍼져나갔습니다. 백설공주도 이번에는 속지 않기 위해 조심했지만 노파가 사과 한 쪽을 먹고 나머지를 주었기 때문에 믿을 수밖에 없었던 겁니다. 백설공주가 깊고 깊은 잠

속으로 빠져드는 걸 보고 새 왕비는 재빨리 도망갔습니다.

저녁때가 되어 일곱 난쟁이가 일터에서 돌아와보니 백설공주가 또 쓰러져 있었습니다. 난쟁이들은 재빨리 공주를 침대에 눕히고 온갖 방법을 다 써보았지만 공주는 깨어나지 않았습니다.

"백설공주가 죽었나 봐."

일곱 난쟁이들은 슬픔에 빠져 며칠 동안이나 울고 또 울었습니다. 아무리 울어도 백설공주가 깨어나지 않자 죽은 백설공주를 유리로 만든 관 안에 눕히고, 유리관은 예쁜 꽃들로 가득 감싸놓았습니다.

며칠이 지났습니다. 사냥을 나왔던 이웃나라 왕자가 우연히 난쟁이 집 근처를 지나다가 유리관에 누워있는 백설공주를 보게 되었습니다.

"세상에 이렇게 아름다운 공주가 있었다니."

난쟁이들에게 그 동안의 일들을 모두 들은 왕자는 마음이 아팠습니다. 그래서 난쟁이들에게 부탁했습니다.

"내가 우리 왕궁으로 모셔가 치료를 해보고 싶으니 허락해 주시오."

왕자의 왕궁에는 유명한 의사도 많을 테니까 어쩌면 깨어나게 할 수도 있을 거라고 생각한 난쟁이들은 유리관을 내주었습니다.

"조심해서 들거라. 떨어뜨리기라도 하면 큰일 난다."

왕자는 유리관을 어깨에 메는 신하들에게 몇 번이나 당부했습니다. 그런데 숲길은 울퉁불퉁해서 유리관을 어깨에 메고 가던 신하 중 한 명이 발을 잘못 딛는 바람에 넘어질 뻔했습니다. 유리관도 한쪽으로 덜컹 기울어졌는데 이때, 백설공주도 크게 흔들렸습니다. 그러자 백설공주 목구멍에 걸려 있던 사과 조각이 입 바깥으로 툭 튀어나왔습니다.

"여기가 어디지? 내가 왜 여기에 있는 거지?"

죽었다고 생각했던 백설공주가 유리관을 열고 두리번거리며 말하자 모두들 깜짝 놀랐습니다. 왕자가 재빨리 다가갔습니다.

"아, 깨어나셨군요. 저는 이웃 나라 왕자입니다. 저와 함께 우리나라로 가시지요."

백설공주는 자신이 잠들어 있던 동안의 이야기를 모두 들은 뒤 일곱 난쟁이들에게 물어봤습니다.

"제가 왕자님을 따라가도 괜찮겠어요?"

일곱 난쟁이들은 백설공주를 보내기 싫었지만 백설공주가 숲속에서 사는 것보다 왕궁에 가서 왕자와 사는 게 더 행복할 거라는 걸 알고 허락해주었습니다. 백설공주는 일곱 난쟁이 모두에게 하나하나 작별인사를 하고 왕자와 함께 이웃나라 왕궁으로 갔습니다. 그리고 온 백성들의 축복을 받으며 결혼을 하게 되었습니다.

한편, 새 왕비는 다시 거울 앞에 서서 물었습니다.

"거울아 거울아, 세상에서 누가 제일 예쁘니?"

"왕비마마도 예쁘지만 이웃나라 왕자와 결혼할 백설공주는 왕비마마보다 천 배는 더 예쁘답니다."

"꺄아아아악."

생각지도 못한 거울의 대답에 미친 듯이 비명을 지른 새 왕비는 또다시 변장을 하고 이웃나라로 뛰어갔습니다. 결혼식장에서는 사람들이 붐비니까 그 기회에 백설공주를 없애려고 했던 것입니다. 하지만 결혼식에 참석한 사람 중에 새 왕비를 알아본 사람이 있었습니다.

"이웃나라 새 왕비다. 이 사람이 그 못된 새 왕비다."

그 사람이 소리치자 군사들이 우르르 몰려와 새 왕비를 붙잡았습니다. 그리고 재판장으로 끌고 갔습니다.

재판장이 그 동안의 이야기를 모두 듣고 판결을 내렸습니다.

"새 왕비는 온갖 못된 짓을 저질러 용서할 수가 없다. 가장 무서운 형벌인 뜨거운 쇠 구두를 신겨 평생 폴짝폴짝 뛰어다니는 벌을 내려라."

새 왕비는 그 동안 자기가 지은 죄를 후회했지만 이미 늦었습니다.

이야기해준 뒤 아이와 함께

이야기 속 한 부분 연극하기

새 왕비가 백설공주를 찾아가는 부분을 연극해보세요. 새 왕비 역할은 엄마가 하고, 아이는 백설공주가 되어 비단 허리끈을 묶고, 빗으로 머리를 빗겨주고, 독사과를 주는 장면 등을 연극해보세요.

상상을 말로 표현하기

"백설공주는 어떻게 생겼을까?", "새 왕비는 어떻게 생겼을까?", "요술 거울은 어떻게 생겼을까?" 등등을 아이에게 물어봐서 아이와 함께 말로 표현해보세요. 단, 아이가 표현하는 동안에 "백설공주의 머리카락은 어떤 색일까?" 등등의 세세한 부분을 물어봐서 아이가 좀 더 디테일한 부분도 상상하도록 도와주세요.

5

왕자님을 사랑한

인어공주

이야기 요약

바다왕국 여섯 명의 인어공주 중 막내 인어공주는 열다섯 살이 되던 생일날 처음으로 바다 위 바깥세상 구경을 한다. → 큰 배에서 생일파티를 하는 왕자를 보고 사랑하게 된다. → 폭풍우에 왕자가 물에 빠지자 기절한 왕자를 해변으로 데려다준다. → 사람들을 피해 숨었는데 왕자는 나중에 온 아가씨가 자신을 구해준 줄 안다. → 왕자를 사랑한 인어공주는 바다마녀를 찾아가 목소리를 주고 인간의 다리를 받는다. 왕자와 결혼하지 못하면 물거품이 된다는 말도 듣는다. → 인어공주는 왕자를 찾아가지만 왕자는 다른 아가씨와 결혼한다. → 칼로 왕자를 찌르면 다시 인어가 될 수 있었지만 인어공주는 물거품이 되어 바다 위로 날아간다.

등장 인물

- 인어공주 : 여섯 인어공주 중 막내이다. 열다섯 살 되는 생일날 바다 위 구경을 하다가 왕자를 보고 사랑하게 된다.
- 왕자 : 인어공주를 좋아하지만 바다에 빠진 자신을 구해준 사람이 인어공주라는 사실을 모르고 이웃나라 공주와 결혼한다.
- 대비 할머니 인어 : 바다 속 왕궁의 자상한 할머니로 인어공주를 사랑하며 인간세계에 대한 많은 것을 알고 있다.
- 바다마녀 : 바다 속 가장 어두운 곳에 사는 마녀로 인어공주에게 다리가 생기는 마법의 약을 주는 대신 목소리를 빼앗는다.
- 인어공주 언니들 : 착한 인어공주들로 막내공주를 구하기 위해 자신들의 머리카락을 바다마녀에게 주고 칼을 구해온다.

이야기 속으로

옛날옛날 아주 먼 옛날, 깊고 깊은 바다 속에 바다 왕의 궁전이 있었습니다.

궁전은 아름답게 장식되어 있었는데 벽은 산호초로 되어 있고, 창문은 투명한 호박 보석이었습니다. 지붕에는 온갖 색의 조가비가 붙어 있어 물살에 따라 입을 벌렸다 닫았다 하였는데 그 속에는 반짝반짝 진주가 들어 있었습니다.

아름다운 바다 속 궁전에는 바다 왕과 바다 왕의 어머니인 대비 할머니, 그리고 여섯 명의 인어공주들이 살고 있었습니다. 인어공주들의 어머니인 왕비는 인어공주들이 어렸을 때 병에 걸려 일찍 돌아가셨습니다. 그래서 인어공주들은 자상한 대비 할머니가 키워주었습니다.

여섯 명인 인어공주는 모두 예쁘고 착했습니다. 그 중에서도 여섯 번째 막내공주가 가장 사랑스러웠습니다. 막내공주는 하얀 백합 꽃잎처럼 맑고 고운 피부에, 장미꽃처럼 빨간 입술을 가졌습니다. 무엇보다 마음씨가 비단처럼 아름답고 착했습니다. 물론 공주들은 모두 인어이기 때문에 다리가 아니라 허리 아래쪽은 물고기 꼬리가 있었습니다. 그 물고기 꼬리로 바다 속 어디든지 빠르게 헤엄쳐 가 볼 수 있었습니다.

바다 속 궁전에는 아름다운 정원도 있었는데, 인어공주들은 각자 자기만의 정원을 꾸미며 놀았습니다. 인어공주들은 정원에다 고래나 상어, 물개 모양의 조각을 만들어 세우기도 했습니다. 막내공주도 자기만의 정원을 예쁘게 가꿨습니다. 그런데 막내공주는 언니 공주들과는 조금 다르게 바다에서 사는 온갖 해초들을 심고 그 가운데에 대리석으로 만든 인간 소년의 조각상을 세워놓았습니다. 그 조각상은 바다를 지나던 커다란 배가 폭풍에 부서져 바다 밑바닥으로 가라앉은 걸 가져온 것이었습니다.

호기심 많은 막내 인어공주는 바다 위 인간 세상에 관한 이야기를 가장 좋아했습니다. 그래서 나이 많은 대비 할머니는 막내공주에게 사람들이 타고 다니는 배와 모여 사는 마을, 그들이 키우는 동물들 이야기도 많이 해주었습니다.

"네가 열다섯 살이 되면 바다 위로 올라가 달빛이 쏟아지는 바위에 앉아 지나가는 배를 구경해도 좋다. 아마 사람들이 사는 숲과 마을도 볼 수 있을 게야."

대비 할머니 말에 막내공주는 인간에 대해 곰곰이 생각하는 시간이 많아졌습니다.

"인간들은 무슨 생각을 하며 살까?"

"인간들이 가장 좋아하는 건 뭘까?"

"인간들은 무얼 먹을까?"

공주는 날마다 창가에 앉아 짙푸른 바닷물 위쪽을 쳐다보았습니다. 가끔은 희미하게나마 달과 별도 볼 수 있었습니다. 하지만 바다 왕국의 법에는 열다섯 살이 되기 전에 바닷물 위로 얼굴을 내미는 것이 금지되어 있어 올라가 볼 수는 없었습니다.

시간이 흘러 드디어 공주의 열다섯 살 생일날이 되었습니다. 대비 할머니가 공주의 머리에 흰 백합장식을 꽂아주었습니다. 그리고 물고기 꼬리에는 큰 굴을 여덟 개 달아 막내공주가 왕의 딸이라는 사실을 표시해주었습니다.

"막내공주야. 이제부터는 너도 어린아이가 아니니까 네가 가보고 싶은 곳은 어디든지 가볼 수 있단다."

"정말요 할머니? 바닷물 위로 올라가 봐도 돼요?"

"암, 그렇구 말고."

대비 할머니는 그 동안 막내공주가 바닷물 위로 올라가보고 싶어 한다는 걸 진작부터 알고 있었습니다. 막내 인어공주는 대비 할머니의 말이 끝나자마자 빠르게 헤엄쳐 물 위로 올라갔습니다.

"원 저런 저런, 저렇게도 좋을까? 호호호."

급하게 헤엄쳐 올라가는 막내공주를 보며 대비 할머니는 활짝 웃었습니다.

막내 인어공주가 바닷물 위 파도 사이로 머리를 내밀자 고요한 바다 위로 막 해가 지고 있었습니다. 서쪽으로 넘어가는 붉은 해는 온 세상을 빨갛게 물들여 최고로 아름다운 저녁놀을 만들어놓고 있었습니다.

"아, 아름다워."

정신없이 저녁노을을 바라보던 막내 인어공주 눈에 바다 위를 떠가는 커다란 배가 보였습니다. 인어공주가 서서히 헤엄쳐 배 가까이 가보자 배에서는 음악과 노랫소리가 들려 왔습니다. 인어공주는 아름다운 음악소리를 들으며 천천히 배를 따라 헤엄쳐갔습니다. 그러는 동안 해가 완전히 지면서 밤이 되자 배에는 형형색색의 등불이 켜져 마치 만국기가 펄럭이는 듯 했습니다.

공주는 선실 창이 있는 곳까지 헤엄쳐 가 살며시 창 안을 들여다보았습니다. 선실 안에서는 즐거운 파티가 한창이었습니다. 멋진 옷으로 차려입은 수많은 사람들이 보였고, 젊은 왕자도 있었습니다. 배 안에서는 왕자의 생일파티가 열리고 있었던 것입니다. 그때 배 여기저기서 생일 축하 폭죽이 펑펑 터졌고, 그때마다 깜깜했던 하늘과 바다 위가 대낮처럼 환해졌습니다.

폭죽이 터지자 인어공주는 깜짝 놀라 얼른 바닷물 속으로 쏙 들어갔다가 살며시 물 위로 고개를 내밀었습니다. 배 위 하늘에서 터지는 불꽃들은 마치 별들이 쏟아지는 것처럼 아름다웠습니다.

배 안에 있던 사람들 모두는 밤하늘의 불꽃놀이를 구경하기 위해 간판으로 나왔습니다. 왕자는 자신을 위해 이런 아름다운 파티를 열어주는 선원들과 악수를 나누며 활짝 웃었습니다.

바닷물 위로 고개만 살짝 내밀고 있던 인어공주는 왕자에게서 눈을 떼지 못했습니다. 처음 보는 사람들이 신기하게 두 다리로 걸어 다니는 모습도 좋았지만 그 중에서도 왕자는 너무너무 멋져 보였기 때문입니다. 그때였습니다. 바다 밑바닥에서 윙윙 소리가 나더니 갑자기 파도가 일기 시작했습니다. 또 서쪽 먼 하늘에서는 먹구름이 몰려오고 번개가 번쩍번쩍 내려쳤습니다. 하늘을 온통 뒤덮는 번개 불 때문에 불꽃놀이 폭죽은 제대로 보이지도 않았습니다. 뒤이어 배를 날려버릴 듯한 바람이 불고 비도 쏟아지기 시작했습니다.

방금 전까지 왕자의 생일을 축하해주던 선원들은 허둥지둥 먹구름에서 벗어나기 위해 속력을 냈지만 이미 늦었습니다. 배 앞에는 산보다 더 높은 파도가 치고, 바람은 윙윙 무서운 소리를 내며 배를 마구 뒤흔들었습니다. 그렇게 거친 파도와 바람에는 아무리 큰 배라도 금방 부서질 것입니다.

"이게, 이게 어찌된 일이지?"

인어공주는 파도에 이리저리 휩쓸리는 배를 보며 안타까워했습니다. 그때, 배 뒤쪽에서 엄청나게 큰 파도가 몰려와 배를 내리치자 배는 순식간에 두 동강이 나고 말았습니다.

'아, 안 돼. 왕자님이 죽으면 안 돼.'

배가 가라앉기 시작하자 인어공주는 급히 배 옆으로 헤엄쳐 갔습니다. 그리고 왕자를 찾아보았습니다. 한참을 찾다가 기절한 채 바다 속으로 가라앉고 있는 왕자를 발견한 인어공주는 얼른 왕자를 붙잡았습니다. 그때 대비 할머니가 옛날에 해준 말이 생각났습니다.

'인간들은 물속에서 숨을 못 쉬기 때문에 물속에 오래 있으면 죽고 만단다.'

인어공주는 재빨리 왕자를 물 위로 데리고 올라갔습니다. 하지만 기절한 상태로 물에 오래 있으면 왕자가 죽을 수도 있었습니다. 그래서 왕자를 꼭 껴안은 채 육지를 향해 헤엄치기 시작했습니다. 하지만 아무리 인어공주라도 사방에서 무섭게 몰아치는 바람과 파도를 뚫고, 더구나 왕자를 안은 채 헤엄치기는 쉽지 않았습니다. 이렇게 파도가 셀 때는 바닷물 속으로 들어가 헤엄치면 별로 힘들지 않고 헤엄칠 수 있었지만 지금 물속으로 들어가면 왕자님이 숨을 못 쉬기 때문에 그럴 수도 없었습니다.

인어공주는 있는 힘을 다해 왕자가 물에 가라앉지 않도록 안은 채 해변까지 헤엄쳐 왔습니다. 겨우겨우 해변 하얀 모래 위에 왕자를 내려놓은 인어공주는 손끝 하나 움직일 수 없을 정도로 지쳤지만 왕자가 괜찮은지부터 살펴보았습니다. 다행이도 왕자는 기절만 했을 뿐 심장도 잘 뛰고 숨도 쉬고 있었습니다. 그때서야 안심이 된 인어공주는 왕자를 천천히 들여다보았습니다. 왕자 얼굴은 인어공주가 자기 정원에 세워놓은 대리석 조각상과 비슷해 보였습니다. 한참 동안 왕자를 들여다보고 있자 왕자의 손끝이 꿈틀 하고 움직였습니다. 아마도 정신이 들려고 하는 것 같았습니다. 그리고 왕자님은 아주 잠깐 동안이었지만 눈을 살짝 떴다가 다시 잠이 들었습니다.

왕자가 괜찮다는 걸 확인 한 인어공주는 그때서야 고개를 들어 주변을 살펴보았습니다. 아침이 되어 바다 위로 둥근 해가 떠오르고 있었고, 해변과 가까운 저쪽에 푸른 숲과 수도원 건물이 보였습니다.

그때였습니다. 종소리가 들리더니 여러 명의 아가씨들이 수도원 바깥으로 나왔습니다. 인어공주는 아가씨들의 눈에 띄지 않도록 재빨리 바위 뒤로 숨었습니다. 아가씨들 중에 한 명이 해변 모래 위에 누워 있는 왕자를 발견하고 소리쳤습니다.

"저기, 웬 사람이 쓰러져 있네."

"안 움직이는 걸 보니 죽은 사람인 것 같은데요?"

다른 아가씨들이 모두 무서워하며 뒤로 물러나자 처음 왕자를 발견했던 그 아가씨만 왕자 옆으로 다가왔습니다. 그리고 정신을 읽고 누워 있는 왕자가 죽었는지 살았는지 가슴에 손을 대보았습니다.

"어머, 살아 있어."

아가씨가 크게 외치는 소리에 왕자가 퍼뜩 정신을 차렸습니다. 왕자가 눈을 뜨자 아가씨는 왕자를 부축하여 수도원으로 들어갔습니다.

조금 떨어진 바위 뒤에서 그 모습을 모두 보고 있던 인어공주는 왕자가 떠나자 마음이 슬펐습니다. 언제 다시 왕자를 다시 보게 될지 모르기 때문입니다.

바다 속 왕궁에 돌아온 공주는 말이 없어지고 정원도 가꾸지 않았습니다. 왕자가 누워 있던 해변에 매일 가보았지만 왕자는 두 번 다시 볼 수 없었습니다. 공주의 슬픔은 더욱 깊어졌고 마침내 참을 수 없던 인어공주는 언니들에게 왕자 이야기를 털어놓았습니다. 매일 슬픔에 잠겨 있는 막내공주가 불쌍했던 언니들은 육지에서도 걸어 다닐 수 있는 거북이들, 바다 위를 날아다니는 갈매기들에게 부탁해 왕자가 사는 왕국은 어디이고, 왕자는 지금 어디에 있는지를 모두 알아냈습니다.

"막내공주야. 왕자가 있는 곳을 가르쳐 줄게. 하지만 왕자의 눈에 띄어서는 안 된단다. 사람들이 우리 인어들을 봐서는 안 되기 때문이지."

언니 공주들의 말을 듣고 인어공주는 날마다 왕자가 사는 왕궁으로 찾아가 멀리서 왕자를 바라보았습니다. 가끔 왕자가 배를 타고 바다로 나가면 배 뒤를 헤엄쳐 따라갔습니다. 그러나 왕자는 자신을 구한 것이 인어공주이고, 인어공주가 자신을 사랑한다는 사실도 전혀 몰랐습니다.

시간이 지날수록 공주는 점점 더 인간 세상으로 나가고 싶어졌습니다. 몇날 며칠을 망설이던 인어공주는 인간 세상에 대해 잘 아는 대비 할머니에게 물었습니다.

"할머니 할머니, 물에 빠져 죽지 않으면 인간도 영원히 살 수 있나요?"

"아니란다. 인간들은 영원히 살 수는 없단다. 하지만 우리와 다른 점이 있지. 우리 인어들은 삼백 살을 살다가 죽으면 거품이 되어 물 위를 떠다니는데 인간은 우리보다 훨씬 짧게 산단다. 그런데 인간들은 육체 말고도 영혼이라는 것이 있지. 그 영혼은 결코 병들거나 죽는 일이 없어서, 육체가 죽으면 영혼은 별들이 있는 곳까지 올라가 영원히 살게 된단다."

인어공주는 간절한 눈빛으로 말했습니다.

"할머니 저도 인간처럼 영원히 살 수 있는 영혼을 얻고 싶어요."

대비할머니는 어린 막내공주를 사랑스런 눈빛으로 한참 보더니 말했습니다.

"막내공주야. 그건 쉬운 일이 아니란다. 인간이 너를 진정으로 사랑하면 영혼을 얻을 수 있지만 인간들은 물고기 꼬리를 가진 우리 인어를 사랑할 리가 없단다. 그냥 신기한 구경거리 동물 보듯이 할 거란다."

그래도 인어공주가 슬픔에서 벗어나지 못하자 대비 할머니는 인어공주의 머리를 쓰다듬으며 다시 말했습니다.

"막내공주야, 우리 모두는 자기가 가진 것에 만족할 줄 알아야 한단다. 너는 세상에서 가장 아름다운 목소리를 가졌잖니. 그러니 오늘밤 무도회 때 우리 모두에게 그 아름다운 목소리로 노래를 불러주렴."

인어공주는 저녁 무도회 때 노래를 불렀습니다. 대비 할머니 말씀대로 하면 기분이 풀릴 줄 알았습니다. 무도회에 참석한 인어들은 막내공주의 노래에 모두 박수를 쳐주었습니다. 하지만 모두의 박수와 칭찬에도 인어공주는 왕자 생각을 떨칠 수가 없었습니다. 또 인간이 가지고 있다는 영혼을 자신은 갖지 못해 슬펐습니다.

'왕자님과 함께 할 수 있다면 무슨 일이든지 하겠어. 바다마녀라면 분명히 방법을 알거야.'

며칠 동안 고민하던 인어공주는 아무도 모르게 궁전을 빠져나왔습니다. 바다마녀가 사는 곳은 무서운 소용돌이 사이를 지나가야 하는데, 그곳에는 어떤 바닷고기도 살 수 없는 캄캄한 늪지대였습니다. 그 근처에는 크고 징그럽고 독을 가진 바다뱀들만 살고 있었습니다. 인어공주는 혀를 날름거리는 바다뱀들 사이를 지나 바다 마녀의 집에 도착했습니다. 바다마녀는 배가 가라앉을 때 죽은 인간들의 뼈로 만든 집에 살고 있었습니다.

"예쁜 공주야, 네가 무슨 일로 여기까지 왔는지 다 안다. 물고기 꼬리 대신 인간들처럼 두 다리를 갖고 싶지?"

얼굴이 온통 주름투성이인 바다마녀는 쇠가 긁히는 듯한 징그러운 목소리로 말했습니다. 바다마녀의 모습과 음침한 목소리가 무서워 인어공주가 대답을 못하고 고개만 끄덕이자 바다마녀는 다시 말했습니다.

"딱 알맞은 때에 왔구나. 해 뜨기 전에 내가 만들어주는 약을 가지고 육지로 헤엄쳐 가거라. 약을 마시면 물고기 꼬리가 갈라지면서 다리가 생길 거다. 하지만 걸을 때마다 칼날 위를 걷는 것처럼 아플 텐데 참을 수 있겠느냐?"

칼날 위를 걷는 것처럼 아프다는 말에 공주는 가슴이 떨렸지만 용기를 내서 대답했습니다.

"하겠어요."

그러자 바다마녀는 인어공주에게 얼굴을 바짝 대고 말했습니다.

"그리고 한 가지 더, 한 번 인간이 되면 다시는 인어로 돌아오지 못해. 또 왕자가 너와 결혼식을 하지 않고 다른 여자와 결혼한다면 다음날 아침 해가 뜨는 것과 함께 너는 물거품이 되고 말텐데, 그래도 하겠느냐?"

"저는 하겠어요."

대답을 하면서도 인어공주는 무서워 덜덜 떨었습니다. 그런 인어공주를 한참 쳐다보던 바다마녀가 징그럽게 웃으며 말했습니다.

"히히히, 그래? 그렇다면 마지막으로 한 가지 조건이 더 있다. 이 약을 주는 대신 너의 그 아름다운 목소리를 나에게 다오. 내 목소리는 너무 음침하고 듣기 싫거든."

하지만 이번에는 인어공주도 고개를 저었습니다.

"목소리가 없으면 제가 왕자님께 어떻게 말을 할 수 있나요?"

"목소리가 없어도 넌 누가 봐도 반할 만큼 아름다운 모습이 있잖니. 그 아름다운 눈과 표정을 보면 왕자도 틀림없이 너를 좋아하게 될 거야."

바다마녀는 인어공주의 목소리를 빼앗기 위해 거짓말을 하였습니다. 하지만 착한 인어공주는 그 말을 믿었습니다.

"알겠어요."

"좋아. 그럼 계약은 맺어진 거다."

마녀는 커다란 냄비에 자신의 피와 갖가지 이상한 재료들을 넣더니 커다란 국자로 저어가며 보글보글 끓였습니다. 그리고 중얼중얼 주문을 외어 마침내 맑은 물 같은 마법의 약을 만들었습니다. 바다 마녀는 그 약을 작은 병에 담아 공주에게 주며 말했습니다.

"자, 해가 뜨기 전에 이 약병을 가지고 해변으로 가서 마시거라. 그리고 가기 전에 너의 그 아름다운 목소리는 나에게 주고 가거라."

"제 목소리는 어떻게 드리죠?"

"그건 걱정하지 말거라. 내가 물어보면 너는 '네' 라고 대답만 하면 된다. 준비 되었느냐?"

인어공주가 고개를 끄덕이자 바다마녀가 검지를 인어공주 입술에 대고 말했습니다.

"막내 인어공주야. 너의 그 아름다운 목소리를 나 바다마녀에게 주겠느냐?"

인어공주는 떨리는 목소리로 대답했습니다.

"네."

인어공주의 대답을 들은 바다마녀는 미친 듯이 웃으며 말했습니다.

"호호호. 이제 내가 인어공주의 목소리를 가지게 되었다. 호호호."

바다마녀의 목소리에 인어공주는 눈을 동그랗게 떴습니다. 아까까지만 해도 바다마녀의 웃음소리는 징그러운 '히히히' 소리였는데 지금은 '호호호' 하고 아름다운 소리가 났던 것입니다. 그리고 인어공주는 말을 해보려 했지만 목소리가 나오지 않았습니다. 그런 인어공주를 보며 바다마녀가 곱고 아름다운 목소리로 말했습니다.

"이제 가 보거라."

인어공주가 약병을 들고 바다 궁전으로 돌아와 보니 아버지와 언니들은 모두 잠을 자고 있었습니다. 인어공주는 한참 동안 궁궐을 바라보다가 마음속으로 가족들에게 작별인사를 하고 왕자가 있는 해변을 향해 헤엄쳤습니다.

해변에 도착해 왕자의 궁전 대리석 계단에 앉은 인어공주는 마법의 약을 마셨습니다. 그러자 꼬리 쪽에서 참기 힘든 아픔이 몰려왔습니다. 참을 수 없을 만큼 아파 비명도 나오지 않았고 눈에서 눈물만 뚝뚝 떨어졌습니다. 아무리 참아보려 했지만 아픔은 점점 더 심해져 더 이상 참지 못한 인어공주는 정신을 잃고 말았습니다.

얼마나 시간이 지났을까. 주변이 따뜻했습니다. 인어공주는 살며시 눈을 뜨다가 얼른 다시 눈을 질끈 감았습니다. 그렇게 보고 싶었던 왕자가 공주를 지켜보고 있었던 것입니다. 인어공주는 또 물고기 꼬리 쪽에서 이상한 느낌이 들었습니다. 화들짝 눈을 떠본 인어공주는 자신의 물고기 꼬리가 없어지고 아름다운 인간의 다리가 생긴 것을 보았습니다.

"당신은 어디서 온 누구시오?"

왕자의 목소리는 다정했습니다. 인어공주는 '제가 왕자님을 구해준 바다의 인어공주랍니다'라고 말해주고 싶어 입을 열었습니다. 하지만 목소리가 나오지 않았습니다. 인어공주는 큰 눈으로 말없이 왕자를 바라볼 수밖에 없었습니다.

왕자는 인어공주의 손을 잡고 궁전으로 데려갔습니다. 인어공주는 걸을 때마다 칼날 위를 걷는 것처럼 다리가 아팠지만 우아하게 걸었습니다.

시간이 지나면서 왕자도 인어공주를 점점 아끼게 되었고 인어공주를 부를 때는 '내 귀염둥이'라고 했습니다. 왕자가 인어공주와 춤추는 걸 좋아했기 때문에 인어공주는 다리의 아픔을 참으며 함께 춤을 추었습니다. 왕자가 좋아하는 일은 다 해주고 싶었습니다.

하지만 왕자가 사랑하는 사람은 인어공주가 아니라 바다 건너 수도원에서 만났던 아가씨였습니다. 왕자는 그 아가씨가 자신을 구해준 줄 알고 있었던 것입니다. 사실은 인어공주가 구해주었지만 인어공주가 말을 못하기 때문에 왕자는 그 사실을 알 수가 없었습니다. 그런데 얼마 지나지 않아 더 큰 일이 생겼습니다. 왕자가 싱글벙글 웃으며 인어공주에게 말했습니다.

"귀염둥이 아가씨. 수도원에서 나를 구해주었던 그 아가씨가 이웃나라에 있다는 소식을 들었어. 며칠 후에 배를 타고 그 아가씨를 만나러 갈 거야."

며칠 후 왕자는 배를 타고 이웃나라로 가게 되었습니다. 물론 인어공주에게도 함께 가자고 했습니다. 그런데 왕자가 떠나기 전에 왕이 말했습니다.

"나는 네가 이웃나라 공주와 결혼했으면 좋겠다."

수도원 아가씨를 만날 생각만 하던 왕자는 아버지인 왕의 명령을 어길 수 없어 그러겠다고 대답은 했습니다. 하지만 힘이 쭉 빠졌는데 그마나 인어공주가 옆에 있어 즐거운 여행을 할 수 있었습니다.

이웃나라에 도착하자 왕자는 수도원 아가씨를 찾아보려 했지만 왕의 명령에 따라 공주를 먼저 만나야 했습니다. 그런데 이웃나라 공주를 만난 왕자는 깜짝 놀랐습니다. 왕자가 그렇게도 찾던 수도원 아가씨가 바로 이웃나라 공주였던 것입니다. 왕자가 말했습니다.

"아, 내 생명을 구해준 그 아가씨가 바로 공주님이었군요. 얼마나 만나고 싶었는지 모른다오."

사실 공주는 바닷가 수도원에서 공부하고 있다가 산책을 나온 길에 쓰러진 왕자를 발견했던 것입니다. 두 사람은 금방 친해졌고 모두의 축복 속에 결혼하기로 약속했습니다.

인어공주는 가슴이 아팠습니다. 바다에 빠진 왕자를 구해준 것도 자기이고, 왕자를 위해 바다마녀에게 목소리를 주고 여기까지 왔는데 왕자한테는 그 말을 할 수가 없었습니다. 착한 인어공주는 왕자가 기뻐하는 걸 보고 두 사람의 결혼을 축하해주었습니다.

다음날, 온 나라 사람들의 축하 속에 성대한 결혼식을 올린 왕자와 이웃나라 공주는 커다란 배에 올라 파티를 열었습니다. 파티에서 인어공주는 어느 때보다 아름답게 춤을 추었습니다. 오늘 밤이 지나고 아침이 되면 거품이 되어 바다 위를 떠돌아 다녀야 할 인어공주의 마지막 춤이었습니다.

밤이 깊어 파티에 지친 사람들이 모두 잠이 들자 인어공주는 뱃전에 앉아 새벽이 오기를 기다렸습니다. 아침 해가 떠오르면 인어공주는 물거품이 되어야 합니다.

그때, 배 아래 파도 사이로 인어공주 언니들이 머리를 내밀었습니다. 그런데 언니들의 길고 아름다웠던 머리카락이 잘려 짧은 머리를 하고 있었습니다. 제일 큰 언니가 인어공주에게 말했습니다.

"막내야. 네가 물거품이 안 되는 방법이 있어. 우리 머리카락을 바다마녀에게 주고 이 칼을 얻어왔으니까 해가 뜨기 전에 왕자의 심장을 찔러, 그 피를 네 다리에 뿌리면 넌 다시 인어가 될 수 있대. 아버지랑 할머니도 네가 돌아오길 기다리고 있어. 막내야, 어서 서둘러, 곧 해가 뜰 거야."

내키지 않았지만 인어공주는 언니들의 정성을 뿌리칠 수 없어 칼을 받아들고 왕자가 잠든 방으로 갔습니다. 침대에는 왕자가 신부와 함께 잠들어 있었습니다. 인어공주는 왕자에게 다가가 손에 든 칼을 높이 치켜들었습니다.

"으음, 공주 나를 구해줘서 고맙소."

그때 왕자가 잠꼬대를 했습니다. 왕자는 끝까지 이웃나라 공주가 자기를 구해준 줄로 알고 있었습니다. 칼을 든 인어공주의 손이 마구 떨렸습니다. 인어공주는 사랑하는 왕자를 도저히 찌를 수 없었습니다. 언니들이 자신을 위해 머리카락을 잃었지만 시간이 지나면 다시 자랄 것입니다. 그리고 자신을 기다리고 있을 바다 왕 아버지와 대비 할머니가 보고 싶었지만 그렇다고 사랑하는 왕자를 죽일 수는 없었습니다. 인어공주는 허리를 굽혀 왕자의 이마에 입맞춤을 했습니다.

"안녕, 사랑하는 나의 왕자님."

인어공주는 침실에서 나와 칼을 바다에 던졌습니다. 그리고 동쪽하늘에서 서서히 밝아오는 새벽 해를 보았습니다. 인어공주의 손끝과 발끝에서부터 물거품이 일더니 거품은 수도 없이 많아져 인어공주 주변을 감쌌습니다. 그 거품들은 바람을 따라 바다 위로 날리기 시작했고, 거품으로 변하는 인어공주의 몸은 점점 흐릿해졌습니다. 그때 무슨 소리를 들었는지 잠에서 깬 왕자와 신부가 문을 열고 나왔습니다. 두 사람의 눈앞에는 무지갯빛으로 빛나는 아름다운 물거품이 가득 날아오르고 있었습니다. 물거품들은 마치 두 사람을 향해 미소 짓는 듯이 보였습니다. 그때 왕자님은 무언가 생각난 듯이 고개를 갸웃했습니다.

'이상하다. 그때 내가 바다에 빠져 기절했을 때 나를 내려다보던 아가씨가 '귀염둥이'의 얼굴과 비슷했던 것 같은데….'

이야기해준 뒤 아이와 함께

재미있는 부분 그림그리기

"인어공주는 다리가 진짜 물고기처럼 생겼을까?" 등등의 질문으로 이야기 속에 나오는 인어공주의 모습을 아이와 함께 그림으로 그려보세요. 또는 바다에서 왕자가 탄 커다란 배를 바라보고 있는 인어공주의 모습을 그려봐도 좋아요.

뒷이야기 이어가기

날이 밝자 인어공주는 물거품이 되어 하늘로 날아갑니다. 그 뒤에 어떻게 되었을까요? 아이와 함께 그 다음부터의 이야기를 만들어보세요. 예를 들어, 물거품이 되었던 인어공주는 자신의 잘못을 뉘우친 바다마녀의 도움으로 다시 인어공주의 모습으로 돌아왔다는 식으로 하면 됩니다.

4

멋지고 멋진 왕자 이야기

개굴개굴

개구리 왕자

이야기 요약

막내공주가 황금 공을 연못에 빠뜨려 울고 있는데 징그러운 개구리가 나타난다. → 개구리는 자기와 친구가 되어 주면 연못 속 황금 공을 찾아주겠다고 한다. → 공주와 약속을 한 뒤 황금 공을 찾아오지만 공주가 약속을 어기고 궁궐로 가버린다. → 다음날 개구리가 왕궁으로 찾아와 어제 일을 왕에게 말하자 왕이 약속을 지키라고 공주에게 명령한다. → 공주는 징그러운 개구리와 친구가 되기 싫어 개구리를 집어던진다. → 그 순간 개구리는 마녀의 저주가 풀리면서 멋진 왕자로 변한다. → 공주는 약속을 어긴 잘못을 깨닫고 용서를 빈다.

등장 인물

- 막내공주 : 개구리와의 약속도 지키지 않는 철부지 소녀이다. 하지만 자신의 잘못을 뉘우치고 사과할 줄 안다.
- 개구리 : 원래는 왕자였으나 못된 마녀의 저주로 개구리가 되어 연못에서 산다.
- 왕 : 막내딸(막내공주)을 사랑하지만 약속을 지키지 않는 잘못은 바로잡는 엄격한 아버지이다.

이야기 속으로

옛날옛날 아주 먼 옛날, 멀고 먼 어느 나라에 왕이 있었습니다.

왕에게는 공주들이 있었는데 그 중에서도 막내공주는 아주아주 귀엽고 예뻐서 사람들의 귀여움을 독차지했습니다.

왕궁 근처에는 커다란 보리수나무가 자라고 있었고, 그 나무 아래에는 작은 연못이 있었습니다. 햇볕이 따갑게 내리쬐는 날이면, 막내공주는 연못가에서 놀곤 했습니다. 막내공주가 가장 좋아하는 놀이는 황금공을 하늘 높이 던졌다가 받는 놀이였습니다. 그 공은 황금으로 만들어졌기 때문에 일반 고무공처럼 통통 튕겨지지는 않는 공이었습니다.

그날도 막내공주는 연못가에서 황금 공 던지기를 하며 노는데, 공을 하늘 높이 던졌다가 잡지 못하자 공은 떼구르르 굴러갔습니다. 공주는 공을 잡으려 재빨리 뛰어갔지만 황금 공은 연못 속으로 쏙 빠지고 말았습니다. 공주가 연못 안을 들여다보았지만 컴컴한 물속은 보이지 않았고, 연못은 아주 깊었습니다.

소중한 황금 공을 잃어버린 공주는 훌쩍훌쩍 울었습니다. 처음에는 작은 소리로 훌쩍였는데 아무도 도와주는 사람이 없자 점점 더 큰 소리로 엉엉 울었습니다. 그때였습니다.

"공주님 무슨 일인가요? 왜 그렇게 울고 계시죠?"

마치 물속에서 말하는 듯한 소리가 들렸습니다. 공주는 눈물이 고인 눈으로 소리 나는 쪽을 돌아보았습니다. 그곳에는 연못 물 위로 고개를 삐쭉 내민 개구리가 있었는데 머리가 울퉁불퉁해서 아주 징그럽게 생긴 개구리였습니다.

"방금 나한테 말한 게 너니?"

"네, 제가 공주님께서 왜 울고 계시냐고 물었는데요."

공주는 개구리가 무슨 도움이 될까 싶었지만 울고 있는 이유를 말해 주었습니다.

"내가 아끼는 황금 공이 연못에 빠졌어. 그런데 찾을 수가 없어 울고 있는 거야."

개구리가 큰 눈을 꿈뻑꿈뻑하더니 말했습니다.

"그럼 이제 그만 울어도 돼요. 제가 공주님 공을 찾아 드릴게요. 그런데 제가 황금 공을 찾아오면 공주님은 저한테 무엇을 해주실 건가요?"

공주는 황금 공을 찾을 수 있다는 개구리 말에 마음이 급해 재빨리 말했습니다.

"내 황금 공을 찾을 수 있다고? 그렇게만 해준다면 네가 원하는 건 뭐든지 다 들어줄게. 내 옷이랑 진주랑 보석도 얼마든지 주고, 네가 원한다면 내가 쓰고 있는 이 왕관도 너한테 줄게."

개구리는 고개를 저었습니다.

"아니요. 저는 그런 건 필요 없고요. 대신 공주님이 저를 사랑해주고 제 친구가 되어 저랑 놀아주시면 좋겠어요. 그리고 공주님 옆에 앉아 공주님의 황금 접시에 담긴 음식을 함께 먹도록 해주고, 공주님의 작은 컵으로 물을 마시게도 해주세요. 마지막으로 공주님과 함께 공주님의 침대에서 잘 수 있게 해주신다면 더 바랄 것이 없답니다. 그렇게 해주겠다고 약속하시면 지금 당장 연못으로 들어가 황금 공을 찾아다 드릴게요."

"그래, 약속할게. 그렇게 해줄게."

하지만 공주는 대답을 그렇게 하면서도 속으로는 개구리를 비웃었습니다.

'멍청한 개구리 같으니라고! 물속에서 개골개골 울기나 할 것이지 제 분수도 모르고 사람과 친구가 되겠다니. 웃기는 개구리구나.'

공주가 그런 생각을 하고 있는지 알지 못한 개구리는 공주의 약속을 믿고 연못 속으로 헤엄쳐 들어갔습니다. 아무리 헤엄을 잘 치는 개구리지만 어두컴컴한 연못 물 속에서 황금 공을 찾은 건 쉬운 일이 아니었습니다. 한참 동안 이곳저곳 열심히 찾아보던 개구리가 드디어 황금 공을 힘겹게 밀며 물 밖으로 나왔습니다. 그리고 공을 공주 발밑으로 던져주었습니다. 공을 주워든 막내공주는 폴짝폴짝 뛰었습니다.

"이야 황금 공을 되찾았구나. 야호."

기뻐하던 공주는 공을 집어 들더니 곁눈질로 살짝 개구리를 쳐다보았습니다. 그러더니 후다닥 왕궁으로 뛰어갔습니다. 깜짝 놀란 개구리가 공주 뒤에 대고 소리쳤습니다.

"아, 공주님, 공주님, 잠깐만요. 잠깐만 기다리세요, 공주님, 저를 데리고 가셔야죠."

개구리가 큰소리로 몇 번이나 불렀지만 공주는 못 들은 척 뒤도 돌아보지 않고 뛰어갔습니다. 황금 공을 되찾은 공주는 개구리와의 약속 따위는 더 이상 생각하고 싶지 않았던 것입니다.

이튿날 아침, 막내공주는 아침 식사를 하고 있었습니다. 왕과 언니 공주들이 모두 함께 하는 식사였습니다. 공주는 자신의 황금 접시에 담긴 음식을 맛있게 먹고, 자신의 작은 컵에 담긴 물도 마셨습니다.

'똑, 똑.'

그때 누군가 현관문을 노크하는 소리가 들렸습니다.

"공주님, 막내공주님! 문 좀 열어 주세요!"

왕이 그 소리를 듣고 막내공주에게 말했습니다.

"막내공주를 찾아온 손님 같구나. 막내가 나가 보거라."

식사를 하던 막내공주는 총총 걸어가 문을 열어보니 황금 공을 찾아 준 바로 그 개구리가 문 앞에 있었습니다. 깜짝 놀란 공주가 재빨리 문을 닫고 식탁으로 돌아왔지만, 공주의 가슴은 콩닥콩닥 뛰었습니다. 그 모습을 본 왕이 말했습니다.

"막내공주야, 무엇 때문에 그렇게 놀란 표정이냐? 거인이 널 잡으러 오기라도 했느냐? 그런 거라면 걱정 말거라. 내가 군사들을 시켜 거인을 쫓아줄 테니."

막내공주는 고개를 저으며 말했습니다.

"아니에요. 거인이 아니라 개구리 때문이에요."

"뭐라고? 개구리라고? 왜 개구리가 아침부터 널 찾아온 거지?"

놀란 왕의 물음에 공주는 어쩔 수 없이 어제 있었던 일을 모두 말해주었습니다. 개구리에게 친구가 되어 주겠다고 약속하자 개구리가 물속에 빠진 황금 공을 건져 주었다는 말까지 모두 했습니다. 그때 또다시 현관문 두드리는 소리가 들렸습니다.

"공주님, 막내공주님. 문을 열어주세요. 어제 연못가에서 하신 약속을 잊으셨나요? 공주님, 문을 열고 절 들여보내 주세요."

식사를 하다말고 곰곰이 생각에 잠겼던 왕이 말했습니다.

"막내공주야. 공주인 네가 약속을 했다면 반드시 지켜야 한단다. 그렇지 않으면 백성들의 비웃음을 사게 될 게다. 어서 개구리를 들어오게 하려무나."

공주는 하기 싫은 일을 억지로 하게 되어 거의 울상이 되었습니다. 왕의 말이라 어쩔 수 없이 문을 열어주자, 개구리가 폴짝폴짝 뛰어 들어왔습니다. 그리고 막내공주의 의자 밑에서 공주를 올려다보며 말했습니다.

"공주님, 저를 공주님 옆에 올려주세요!"

울퉁불퉁 징그러운 개구리가 싫었지만 공주는 할 수 없이 개구리의 말대로 해주었습니다.

공주의 황금접시 옆에 앉은 개구리는 혀를 날름거리며 접시에 담긴 음식을 먹었습니다. 그런 뒤에 공주의 작은 컵의 담긴 물도 마셨습니다. 그 모습을 왕과 언니 공주들은 빙 둘러앉아 재미있다는 듯이 보고 있었습니다.

개구리는 식사를 마치자 배를 쓰다듬으며 말했습니다.

"아, 배부르다. 공주님, 이제 저를 공주님 방에 데려다 주세요."

그 말을 듣자 막내공주는 더 참지 못하고 울음을 터뜨렸습니다. 징그러운 개구리를 자신의 침대에 재워야 하고, 더군다나 자기도 옆에서 함께 자야 한다고 생각하니 화가 나서 울음이 나왔던 겁니다. 그러자 왕이 엄하게 꾸짖었습니다.

"막내공주야. 네가 어려울 때 너를 도와준 상대와의 약속을 어기는 건 옳지 않단다. 그 상대가 누구든지 말이다!"

왕의 말에 부끄러워진 공주는 할 수없이 두 손가락으로 개구리를 집어들고 자신의 방으로 갔습니다. 왕의 말이 아무리 옳다 해도 막내공주는 여전히 개구리가 징그러웠습니다.

개구리 때문에 신경을 쓰고 왕한테 혼까지 나서 피곤해진 공주가 침대에 누웠습니다. 그러자 개구리가 침대 곁으로 엉금엉금 기어와 침대를 올려다보며 말했습니다.

"공주님, 오늘은 정말 피곤하군요. 저도 자고 싶으니 어서 날 침대 위에 올려주세요."

공주는 개구리 말을 못 들은 척 눈을 감았습니다. 그러자 개구리가 다시 말했습니다.

"제 말대로 안 해주시면 임금님께 모두 일러바치겠어요."

개구리의 말에 공주는 화가 머리끝까지 났습니다. 벌떡 일어난 공주는 개구리를 집어 벽에다 내동댕이치며 소리쳤습니다.

"흥! 그래, 그럼 거기서 푹 쉬어라 이 징그러운 개구리야."

막내공주가 소리친 그 순간, 공주는 너무 놀라 말이 안 나오는지 두 손으로 입을 가린 채 두 눈이 휘둥그레졌습니다. 자신이 내던진 개구리가 벽에 부딪혀 방바닥으로 떨어져 엎어졌는데, 꿈틀꿈틀하더니 온몸에서 환한 빛이 뿜어져 나오고 있었던 겁니다. 그리고 차츰 그 빛이 사그라지자 방금까지 있던 징그러운 개구리는 온데간데없고 늠름하고 멋진 왕자가 환하게 미소 지으며 서 있었습니다.

왕자는, 너무 놀라 눈만 깜빡거리고 있는 공주에게 다가와 예의 바르게 살짝 고개를 숙여보인 뒤 말했습니다.

"공주, 나는 이웃 나라의 왕자라오. 못된 마녀의 저주에 걸려 그동안 징그러운 개구리로 연못에서 살아왔다오. 다행히 공주가 나를 사람의 식탁에서 먹여주고 방에까지 들어오게 해주어 이렇게 원래의 모습으로 돌아올 수 있었다오."

공주는 그 동안 자신이 한 행동이 부끄러워 얼굴이 빨개졌습니다. 공주는 고개를 숙여 용서를 빌었습니다.

"왕자님, 무례했던 저의 행동을 용서해 주세요. 약속을 지키지 않으려 잔꾀를 부린 제가 얼마나 부끄러운지 몰라요."

진심으로 용서를 비는 공주를 보고 왕자가 말했습니다.

"공주, 자신의 잘못을 알고 미안해하는 마음이 드는 것은 착한 사람이라는 증거요. 공주, 나와 결혼해 주겠소? 나를 저주에서 구해 준 그대의 은혜에 보답하고 싶소. 나와 함께 나의 왕국으로 가 주겠소?"

공주는 왕자의 말을 받아들였습니다.

그 일은 곧 왕과 언니 공주들도 알게 되었고, 국민들도 모두 알게 되었습니다. 왕과 언니들도 모두 기뻐하며 두 사람을 진심으로 축복해주었습니다.

다음 날, 소식을 들은 왕자의 아버지, 그러니까 이웃나라 왕이 여덟 마리 하얀 말들이 끄는 마차를 보내주었습니다. 머리에 타조 깃털을 꽂고 금 사슬로 된 마구를 걸친 멋진 말들이었습니다. 그리고 멋진 제복과 긴 칼을 찬 신하가 마차를 몰았습니다.

모두의 축하를 받으며 왕자와 공주가 마차에 오르자 말들이 힘차게 출발했습니다.

이야기해준 뒤 아이와 함께

주인공에게 편지 쓰기

개구리와의 약속을 지키지 않은 막내공주에게 아이와 함께 편지를 써보세요. 아이가 글자를 알면 종이에 직접 써보도록 하고, 글자를 모르면 말로 하게 한 뒤 엄마(아빠)가 받아써서 함께 읽어봅니다.

아이에게 이야기 다시 듣기

"○○ 야, 개구리가 사람이 되었다며? 그게 무슨 이야기야?"
엄마가 해준 이야기를 아이가 아빠에게 해주도록 유도합니다. 반대로 아빠에게 들었으면 엄마에게 해줄 수 있는 환경을 만들어주세요. 아이에게 이야기를 들을 때는 "오오", "그래서?", "우와" 등등 맞장구를 쳐주세요.

2

공주를 놀려준

돼지치기 왕자

이야기 요약

가난한 나라의 왕자가 이웃 황제나라 공주에게 청혼하려고 신기한 장미꽃과 나이팅게일 새를 선물로 보낸다. → 공주는 선물 겉모습이 화려하지 않다며 청혼을 거절한다. → 왕자는 얼굴에 까만 구두약을 바르고 황제나라 왕궁의 지저분한 돼지치기로 취직한다. → 왕자는 저절로 음악을 연주하는 방울 달린 신기한 단지를 만든다. → 음악이 나오는 단지가 탐이 난 공주가 뽀뽀 열 번을 해주고 단지를 사간다. → 돼지치기가 다시 춤곡이 나오는 종을 만들자 공주가 또 탐을 낸다. → 다시 뽀뽀 백 번을 해주다가 황제에게 들켜 왕궁에서 쫓겨난다. → 어리석은 공주를 혼내준 돼지치기는 다시 왕자가 되어 자기 나라로 돌아간다.

등장 인물

- 가난한 왕자 : 작은 나라의 왕자로 이웃 부자나라 공주에게 청혼했으나 거절당한다. 그러자 신기한 물건들을 만들어 공주에게 창피를 준다.
- 부자나라 공주 : 부족한 것 없이 자라 진짜 소중한 것이 무엇인지 모르는 거만한 아가씨다. 또 신기한 물건을 보면 갖고 싶어 한다.
- 황제 : 딸인 공주를 사랑해 공주가 원하는 거라면 무엇이든 들어준다. 하지만 자기 멋대로 하는 공주에게 실망해 공주를 내쫓는다.
- 시녀들 : 항상 공주를 따라다니며 시중드는 여자들이다. 공주에게 잘 보이려고 공주가 좋아하거나 싫어하는 걸 그대로 따라한다.

이야기 속으로

옛날옛날 아주 먼 옛날, 멀고 먼 곳에 아주 작은 나라가 있었습니다.

그곳에는 한 왕자가 살았습니다. 그는 비록 왕자였지만 나라도 아주 작고 또 왕이었던 아버지와 왕비인 어머니가 일찍 돌아가시자 혼자서 가난하게 살고 있었습니다. 하지만 왕자는 모든 일에 자신감이 있었고, 또 공부도 열심히 하여 누구보다 똑똑했습니다.

왕자가 자라 어느덧 결혼할 나이가 되자, 그는 황제의 딸, 그러니까 이웃에 있는 제일 크고 강한 나라의 공주와 결혼하고 싶었습니다.

"어떻게 하면 이웃나라 공주와 결혼할 수 있을까?"

몇날며칠 고민하던 왕자는 장미꽃과 새 한 마리를 은 상자에 정성스럽게 넣었습니다. 그리고 청혼하는 편지를 썼습니다.

'공주님, 저는 비록 가난한 이웃나 라의 왕자지만
공주님을 누구보다 사랑합니다.
제가 선물을 보내니 저와 결혼해주십시오.'

왕자는 선물을 예쁘게 포장하여 편지와 함께 이웃나라 공주에게 보냈습니다. 그런데 왕자가 보낸 선물은 겉으로 보기에는 별 거 아닌 것 같았지만 세상에서 구하기 힘든 아주 귀한 것들이었습니다. 장미꽃은 오년에 딱 한 송이만 피는 꽃이었는데, 그 꽃향기를 맡으면 세상의 온갖 걱정거리가 사라졌습니다. 또 함께 보낸 새는 온갖 아름다운 노래를 불러주는 나이팅게일 새였는데, 새의 노래를 듣고 있으면 저절로 마음이 행복해졌습니다.

선물을 받은 황제는 직접 선물을 들고 공주가 놀고 있는 방으로 가져 갔습니다. 비록 이웃의 가난한 나라 왕자가 보내온 것이지만 선물을 보낸 마음은 고마운 것이라는 걸 잘 알기 때문입니다. 방에 들어가자 공주는 시녀들과 놀고 있었고 황제가 선물을 들고 오자 모두 모여 선물을 풀어보았습니다.

"어머나, 정말 예쁘네요."

장미꽃을 본 시녀들이 환호성을 질렀습니다. 황제는 장미꽃을 들어 향기를 맡아보더니 환하게 웃었습니다.

"오오, 참으로 놀랍구나. 이렇게 마음을 편안하게 해주는 꽃향기가 있다니."

그런데 공주는 실망하는 표정이 가득했습니다.

"아빠, 이건 진짜 장미잖아요. 전 유리로 된 장미가 더 좋단 말이에요."

그러자 지금까지 선물이 좋다고 환호성을 지르던 시녀들이 공주의 눈치를 보며 갑자기 다같이 비명을 질렀습니다.

"어머나, 진짜 장미라니! 싫어요, 우리도 싫어요."

사실 시녀들은 장미꽃이 무척 좋았습니다. 하지만 공주가 싫어하는데 자기들이 좋다고 하면 공주가 미워할까봐 싫다고 한 것입니다.

"허, 나는 참 좋은데…. 그럼 다른 선물을 보자꾸나. 다른 선물은 너의 마음에 꼭 들게다."

황제가 공주를 달래며 함께 가져온 다른 선물을 열어보았습니다. 상자를 열자 맑고 고운 소리가 온 방안에 울려 퍼졌습니다. 마치 하늘에서 들려오는 소리처럼 감미롭고 아름다운 소리였습니다. 그 소리는 상자

안의 나이팅게일이 부르는 노래였고, 그 소리를 들은 사람들은 모두 행복한 마음이 들었습니다.

모두들 넋을 잃고 노래를 들었는데 시녀 한 명이 감탄한 듯한 소리로 말했습니다.

"아, 너무너무 아름다운 노래에요. 지금까지 제가 들어본 노래 중 최고예요."

황제도 눈에 눈물이 그렁그렁해져서 말했습니다.

"아, 이 새의 노랫소리를 들으니 죽은 네 엄마와 함께 지내던 행복한 때가 생각나는구나."

그런데 공주는 이번에도 입을 삐쭉거리며 말했습니다.

"하지만 이건 살아있는 새잖아요. 전 나무로 만든 장난감 새가 더 좋단 말이에요. 살아있는 새는 정말 싫어! 시도 때도 없이 밥 달라고 보채고 날개짓을 해서 먼지도 날리게 하잖아요."

그러자 시녀들도 공주의 눈치를 보며 함께 소리쳤습니다.

"어머나, 살아있는 새라니! 싫어요, 우리도 싫어요."

공주는 황제가 말릴 틈도 없이 창문을 열고 새를 날려버렸습니다. 그런 뒤 심부름꾼에게 말했습니다.

"청혼은 안 받아드리겠다고 전해주세요."

심부름꾼이 돌아와 가난한 왕자에게 공주의 말을 전했습니다. 하지만 왕자는 실망하거나 싫어하는 표정이 아니었습니다. 오히려 여유로운 미소를 지었습니다.

"귀한 선물을 몰라보는 공주한테 실망했는걸. 얼마나 철이 없는지 한 번 실험해봐야겠군."

왕자는 까만 구두약을 꺼내더니 자신의 얼굴에다 마구 문질렀습니다. 얼굴이 온통 까맣게 된 왕자는 이웃나라 황제를 찾아갔습니다.

"황제 폐하, 저는 가난한 집의 자식입니다. 황제 폐하의 궁전에서 일하고 싶습니다."

얼굴에 새카만 검댕이가 잔뜩 묻은 왕자를 황제는 알아보지 못했습니다.

"마침 잘 되었구나. 지금 궁전에서 키우는 돼지들을 돌봐줄 사람이 필요했는데 그 일이라도 하겠느냐?"

"물론이지요. 시켜만 주시면 하겠습니다."

그날부터 왕자는 궁전의 돼지를 돌보는 돼지치기가 되었습니다. 돼지치기 왕자는 돼지우리 바로 옆에 있는 작은 창고에서 먹고 자며 살았습니다. 그런데 돼지치기 왕자는 돼지를 돌보고 남는 시간에는 바깥에 나오지도 않고 창고 방에 틀어박혀 무엇인가를 열심히 만들었습니다.

며칠이 지났습니다. 돼지치기 왕자가 그 동안 만든 것은 작고 예쁜 단지였습니다. 그런데 그 단지는 보통 단지들과는 조금 달랐습니다. 단지 둘레에는 작은 방울들이 많이 매달려 있었는데, 단지에 음식을 넣고 끓이면 그 방울들이 모두 울리면서 아름다운 노래가 연주되었습니다. 신기한 점은 또 있었습니다. 음식이 끓을 때 단지에서 나오는 하얀 수증기에 손가락을 살짝 대면 어느 집에서 무슨 요리를 하는지도 알 수 있었습니다. 왕자는 매일 그 단지에 밥을 해먹었습니다. 물론 음식을 만들 때마다 단지의 방울들은 아름다운 음악을 연주했습니다.

그러던 어느 날, 공주가 산책을 나왔습니다.

"어디 무슨 재미있는 일이 없나?"

심심했던 공주는 우연히 돼지우리 근처를 지나고 있었습니다. 그때 어디선가 음악소리가 들렸습니다.

"어? 이게 무슨 소리지? 아, 정말 아름다운 음악이구나."

공주는 주변을 두리번거렸습니다.

"도대체 누가 어떤 악기로 연주하면 이렇게 아름다운 음악이 나오는 거지?"

그 음악은 돼지우리 옆 창고에서 나오고 있었습니다. 공주는 시녀에게 누가 연주를 하고 무슨 악기를 사용하는지 알아보라고 하였습니다.

돼지 똥이 묻을까봐 조심조심 다녀온 시녀가 공주에게 말했습니다.

"공주님, 저 음악소리는 음식을 끓이는 단지에서 나오는 거예요. 그리고 더 신기한 건 그 단지가 있으면 어느 집에서 무슨 음식을 먹는지도 금방 알 수 있다고 하네요."

공주는 그 단지가 몹시 갖고 싶었습니다. 그래서 시녀에게 다시 말했습니다.

"그럼 돼지치기한테 가서 그 악기를 내게 팔라고 전해라."

이번에도 시녀는 치맛단에 돼지 똥이 묻을까봐 조심조심 뛰어갔다가 왔습니다.

"얼마를 주면 팔겠다고 하더냐?"

공주의 물음에 시녀는 머뭇머뭇 얼굴을 붉히며 말했습니다.

"그건, 여기서 큰소리로 말할 수 없어요."

"그럼 나한테만 살짝 말해다오."

공주가 다그치자 시녀는 공주의 귀에 대고 알려주었습니다.

"돼지치기가 그러는데요. 공주님이 돼지치기와 뽀뽀를 열 번만 해주면 그냥 주겠다던데요."

공주는 소리를 꽥 지르며 말했습니다.

"뭐야? 감히 공주인 나에게 그런 말을 하다니, 참으로 짓궂은 자구나. 그럼 안 사."

공주가 화를 내며 돌아서는데, 아까 그 아름다운 음악소리가 다시 들려왔습니다. 그 음악소리는 아까보다 더 부드럽고 아름다워 공주의 발걸음이 저절로 멈춰졌습니다.

한참 동안 음악소리를 듣던 공주는 시녀에게 말했습니다.

"돼지치기한테 가서 나 대신 시녀가 뽀뽀를 해주면 안 되겠냐고 물어보렴."

이번에도 시녀는 치맛단에 돼지 똥이 묻을까봐 조심조심 뛰어갔다가 왔습니다.

"싫다는데요. 절대로 안 된답니다. 시녀들 백 명이 와서 한꺼번에 얼굴 전체에다 뽀뽀를 해줘도 절대로 안 팔겠답니다."

공주는 지저분하고 냄새나는 돼지치기한테 뽀뽀를, 그것도 열 번이나 해주기는 싫었지만 신기한 단지를 갖고 싶은 마음이 더 강했습니다. 공주는 시녀와 함께 돼지치기 창고로 가서 말했습니다.

"좋다. 네 말대로 뽀뽀를 해주는 대신 아무도 보지 못하게 시녀들이 빙 둘러 가려야 한다."

공주는 지저분한 돼지치기한테 뽀뽀해주는 게 창피했던 것입니다. 시녀들이 공주와 돼지치기를 가운데 두고 빙 둘러 아무도 보지 못하게 가려주자 공주는 입술을 쭉 내밀었습니다. 그리고 돼지치기의 두 귀를 잡더니 딱따구리가 나무를 쪼듯 재빨리 뽀뽀를 해댔습니다.

"뽀, 뽀, 뽀, 뽀, 뽀, 뽀. 뽀, 뽀, 뽀, 뽀. 열 번 다했다. 이제 단지 이리 내놔."

공주는 단지를 휙 빼앗아들고 재빨리 뛰어갔습니다. 시녀들도 그 뒤를 우르르 따라갔습니다.

신기한 단지를 가지고 방으로 온 공주와 시녀들은 날마다 단지에 음식을 끓이며 즐거워했습니다.

"정말 신기하지 않니? 이렇게 아름다운 음악도 들을 수 있고, 더구나 손가락만 대면 어느 집에서 고기를 먹는지, 누구네 집에서 옥수수 죽과 팬케이크를 먹는지 다 알 수 있다는 게 너무너무 재미있어."

한편 돼지치기 왕자는 또 열심히 무언가를 만들기 시작했습니다.

며칠 뒤, 돼지치기 왕자는 자신이 만든 작은 종을 살짝 흔들어보았습니다. 그러자 종에서는 춤을 출 때 필요한 신나는 음악들이 흘러나왔습니다. 한 번 흔들 때마다 매번 다른 춤곡들이 연주되었습니다. 돼지치기 왕자는 돼지 돌보는 일을 마친 뒤 쉴 때에는 꼭 종을 흔들어 춤곡을 들었습니다.

그러던 어느 날, 이번에도 공주가 시녀들과 산책을 나왔습니다.

"아웅, 단지도 너무 가지고 놀았더니 별로 재미가 없어졌네. 또 무슨 재미있는 일 없을까?"

그때 돼지우리 창고에서 신나는 음악소리가 들렸습니다.

"아, 정말 신나는 음악이구나. 저 음악을 듣고 있으니까 나도 모르게 춤을 추고 싶어지네."

공주는 시녀를 시켜 그 음악소리가 나는 곳을 알아보게 했습니다. 돼지 똥이 묻을까봐 치마를 살짝 들고 돼지우리에 다녀온 시녀가 말했습니다.

"공주님, 저 소리는 저번 그 돼지치기가 새로 만든 종에서 나는 음악이에요."

공주는 이번에도 그 종이 몹시 갖고 싶었습니다. 그래서 시녀에게 다시 말했습니다.

"그럼 돼지치기한테 가서 그 종을 내게 팔라고 전해라. 그리고 이번에는 절대 뽀뽀는 안한다고 해."

이번에도 시녀는 치맛단에 돼지 똥이 묻을까봐 조심조심 뛰어갔다 왔습니다.

"얼마를 주면 팔겠다고 하더냐?"

시녀가 머뭇머뭇 말했습니다.

"거기, 저기요. 돼지치기가 그러는데요. 이번에는 공주님이 뽀뽀를 백번이나 해줘야 그 종을 주겠답니다."

"뭐라고? 이런 괘씸한…. 그 종 안 가질 거야. 싫어. 그깐 종은 그냥 줘도 안 가져."

공주는 버럭 화를 내며 돌아섰습니다. 그때 다시 신나는 춤곡이 들려왔습니다. 공주는 자기도 모르게 다리가 움직이며 살짝살짝 춤을 추었습니다. 저절로 춤을 추던 공주는 그 신기한 종이 다시 갖고 싶었습니다.

공주는 시녀에게 말했습니다.

"얘, 다시 한 번 갔다 와. 내가 열 번만 뽀뽀를 해주고 나머지는 시녀들이 해주면 어떻겠냐고 물어보고 와."

그러자 시녀들이 다 같이 소리를 지르며 두 손을 내저었습니다.

"싫어요! 저희는 지저분하고 돼지 똥 냄새나는 돼지치기와 뽀뽀하기 싫어요."

공주가 화를 내며 시녀들에게 말했습니다.

"흥, 싫다고? 너희들을 먹여 주고 재워 주는 게 누군데 그런 소리를 하는 거지? 그럼 오늘부터 모두 바깥으로 내쫓을까?"

공주의 말에 시녀들은 더 말을 못하고 고개를 숙였습니다. 그리고 시녀 한 명이 돼지치기에게 가서 공주의 말을 전하고 왔습니다.

"돼지치기가 그러는데요. 시녀들과는 절대 뽀뽀 안 하겠답니다. 공주님이 아니면 싫다는데요."

"아유, 이 못된 돼지치기 녀석."

공주는 화가 났지만 신기한 종을 꼭 갖고 싶었습니다. 공주는 할 수 없이 이번에도 시녀들을 빙 둘러서게 한 뒤 입을 쭈우우욱 내밀었습니다. 그런 뒤 돼지치기 양쪽 귀를 꽉 잡더니 이번에는 딱따구리가 나무 쪼는 것보다 백배는 빠르게 뽀뽀를 해대기 시작했습니다. 둘러선 시녀들은 뽀뽀하는 숫자를 세느라 정신이 없었습니다.

"하나, 둘, 셋, 넷, 다섯, 여섯, 열둘, 아니 일곱, 열여섯, 아니 여덟, 스물둘, 아니 아홉…."

그런데 마침 황제가 자기 방에서 창밖을 내다보다가 돼지치기 창고

쪽을 보게 되었습니다.

"저기 돼지우리 앞에 공주와 시녀들이 있군. 그런데 왜 저렇게 소란스럽지?"

황제가 눈을 더 크게 뜨고 봤지만 너무 멀어 잘 보이지 않았습니다. 황제는 급히 안경을 썼습니다. 하지만 뭔가 재미있는 일이 있는 것 같은데 잘 보이지는 않았습니다.

"무슨 일일까? 모두들 재미있어 하는 거 같은데? 무슨 숫자를 세는 것 같기도 하고."

궁금해진 황제는 돼지우리로 가 보았습니다. 시녀들이 빙 둘러서 있어 안쪽이 보이지 않자 시녀들 뒤에서 발꿈치를 들고 살짝 들여다보았습니다.

"여든셋, 여든넷, 여든다섯, 백둘, 아니 여든여섯, 백열셋, 아니 여든일곱, 백스물넷, 아니 여든여덟…."

시녀들은 공주가 뽀뽀하는 숫자를 정확하게 세느라 자기들 뒤에 황제가 온 지도 몰랐습니다. 황제는 공주와 돼지치기가 연속해서 뽀뽀, 뽀뽀, 뽀뽀를 해대는 걸 보고 놀라 소리를 꽥 질렀습니다.

"이게 도대체 이게 무슨 일이냐?"

황제의 고함소리에 놀라 모두들 제자리에 얼어붙은 듯 꼼짝을 못했습니다. 막 여든여덟 번째 뽀뽀를 하고난 공주와 돼지치기 왕자도 놀라서 황제를 쳐다봤습니다.

"에이 이런 한심한 것들! 둘 다 당장 내 왕궁에서 나가거라!"

화가 난 황제는 공주와 돼지치기 왕자를 궁전 밖으로 내쫓았습니다.

공주는 울며울며 왕궁에서 안 나가겠다고 버텼지만 군사들이 번쩍 들어 바깥으로 휙 던진 뒤 왕궁 대문을 '쾅' 하고 닫았습니다. 그런데 그때 하필 하늘에서 소낙비가 쏟아졌습니다. 급히 나무 아래로 피하긴 했지만 공주는 소낙비에 흠뻑 젖은 뒤였습니다. 공주는 왕궁에서 쫓겨난 데다 비까지 맞아 흠뻑 젖은 자신이 불쌍해 훌쩍훌쩍 울며 말했습니다.

"차라리 그때 가난한 왕자의 청혼을 받아들일걸 그랬어. 그랬다면 이런 창피는 안 당했을 텐데."

공주가 중얼거리는 말을 들은 돼지치기는 나무 뒤쪽으로 돌아갔습니다. 그곳에 고인 빗물에 얼굴과 몸을 씻고 왕자 옷으로 갈아입은 뒤 다시 공주에게 다가왔습니다. 공주는 갑자기 나타난 늠름한 왕자를 보고 깜짝 놀랐습니다.

'아, 이렇게 늠름하고 총명해 보이는 왕자가 있다니.'

공주는 자기도 모르게 고개를 숙여 인사를 했습니다. 하지만 왕자는 쌀쌀맞게 말했습니다.

"어리석은 공주여, 내가 누군지 아시겠소?"

왕자의 말에 공주는 눈을 가늘게 뜨고 왕자 이곳저곳을 살펴보다가 화들짝 놀랐습니다.

"당신은 돼지치기?"

"그렇소. 나는 방금 전까지 돼지치기였소. 그리고 이웃나라의 가난한 왕자이기도 하지요. 당신은 내가 가난하다는 이유만으로 세상에서 가장 귀중한 장미나 나이팅게일 새를 알아보지 못했소. 그리고 겨우 장난감 같은 단지나 종을 갖고 싶은 욕심에 사랑하지도 않는 돼지치기와 뽀뽀를 했소. 당신처럼 어리석은 공주는 나도 싫소."

말을 마친 왕자는 뒤도 돌아보지 않고 자기 나라 궁전으로 돌아갔습니다.

공주는 비를 맞으며 왕자가 다시 돌아와 주기를 기다렸지만 아무도 오지 않았습니다.

이야기해준 뒤 아이와 함께

왕-신하 놀이

종이에 왕관을 그린 뒤 오려내어 왕관을 만듭니다. 엄마(아빠)와 아이 중에 왕과 신하를 정하여 신하는 왕의 명령에 따르는 걸로 약속합니다. 왕은 무슨 명령을 내릴지 미리 몇 가지를 함께 정하여 힘든 명령은 제외하고 서로가 즐거운 명령 위주로 합니다. 예를 들어 왕은 신하에게 "오늘은 내 마음이 안 좋구나. 돼지치기 왕자에 나오는 공주처럼 내 뺨에 뽀뽀를 100번 하여라" 등입니다.

재미있는 부분 그림그리기

이야기 중에 아이가 재미있어 하는 부분을 그림으로 함께 그려봅니다. 예를 들어 돼지치기 왕자가 만든 '방울이 달려 음악이 나오는 신기한 단지', '춤음악이 나오는 신기한 종'의 모습을 상상하며 함께 그려봅니다.

3 행복한 왕자

이야기 요약

겨울이 되기 전에 남쪽나라로 날아가던 제비는 행복한 왕자의 동상을 만난다. → 행복한 왕자의 부탁으로 칼자루에 박힌 루비를 가난한 엄마에게 가져다준다. → 제비는 다음날부터 동상에 붙어있는 보석들을 가난한 사람들에게 가져다 준다. → 눈이 내리자 기운이 다한 제비는 죽음을 맞이한다. → 제비의 죽음을 슬퍼한 행복한 왕자의 심장도 두 동강이 난다. → 하느님이 왕자의 심장과 죽은 제비를 하늘나라로 데려가 영원히 살게 해준다.

등장 인물

- 행복한 왕자 : 죽은 뒤 도시 높은 곳에 동상으로 세워졌다. 가난하고 불쌍한 사람들을 보며 마음 아파하는 착한 왕자로, 자신이 가진 모든 것을 사람들에게 나누어준다.
- 제비 : 남쪽나라로 가야 하지만 착한 왕자의 부탁으로 심부름을 해준다.
- 가난한 엄마 : 아픈 아이에게 오렌지도 못 사줘 마음 아파하는 엄마이다. 행복한 왕자의 도움으로 아픈 아이를 보살필 수 있게 된다.
- 극작가 젊은이 : 실력은 있지만 가난 때문에 굶주리다가 왕자의 도움을 받는다.
- 성냥 파는 소녀 : 집안이 가난해 성냥을 파는데 성냥을 모두 하수구에 빠뜨려 울고 있을 때 왕자가 제비를 시켜 도와준다.

이야기 속으로

옛날옛날 아주 먼 옛날, 멀고 먼 어느 나라가 있었습니다.

그 나라 도시에는 도시를 모두 내려다볼 수 있는 높은 기둥이 있었는데 그 기둥 위에는 행복한 왕자 동상이 서 있었습니다. 행복한 왕자 동상은 온몸이 얇은 금으로 싸여 있었습니다. 두 눈은 반짝반짝 빛이 나는 사파이어로 되어있고, 손에 든 긴 칼자루에는 빨간색 루비가 박혀 있었습니다. 멀리서 보면 노란 황금빛으로 빛나는 동상이 아주 아름다워 도시 사람들 모두가 좋아했습니다. 또 행복한 왕자 동상은 아이를 달랠 때도 사용되었습니다.

떼쓰는 아이를 달래기 위해 그 도시의 엄마들은 이렇게 말했습니다.

"저기 행복한 왕자님을 봐라. 행복한 왕자님은 절대로 울면서 떼쓰지 않는단다."

그러면 아이는 행복한 왕자를 물끄러미 바라보다가 떼쓰기를 멈췄습니다. 또 일이 잘 안 되어 슬픔에 빠진 젊은이들은 행복한 왕자를 보며 희망을 가졌습니다.

"나도 언젠가는 행복해질 수 있을 거야."

따뜻한 바람이 불던 어느 날 밤이었습니다. 작은 제비 한 마리가 이 도시로 날아왔습니다. 다른 제비들은 이미 따뜻한 남쪽나라로 떠났지만 제비는 친구들을 따라가지 못했습니다. 갈대 아가씨를 좋아해서 그 곁을 떠날 수 없었기 때문입니다.

지난 봄, 제비는 강물 위를 날아가다가 바람에 몸을 맡기고 살랑거리는 갈대 아가씨를 보고 그만 갈대 아가씨를 좋아하게 되었습니다. 그래서 제비는 여름 내내 갈대 아가씨 근처를 날아다니며 지냈습니다. 그러다가 가을이 되어 친구들이 모두 남쪽나라로 떠나고 난 뒤에서야 자기 혼자 남았다는 걸 알았습니다. 매일 찾아가 말을 걸어도 대답 한 마디 안 해주는 갈대 아가씨가 싫어지기도 했습니다.

'갈대 아가씨, 저 이제 갈래요. 행복하게 사세요.'

제비는 마음속으로 인사를 하고 급히 친구들의 뒤를 따라 남쪽나라로 날아가기 시작했습니다. 그렇게 하루 종일 하늘을 날아가던 제비는 잠시 쉬어가기 위해 행복한 왕자의 동상이 있는 이 도시에 들렀습니다.

"오늘은 어디서 하룻밤을 자고 갈까?"

하늘을 날며 이리저리 둘러보던 제비는 도시에서 제일 높은 기둥 위에 서있는 행복한 왕자 동상을 발견했습니다. 제비는 행복한 왕자 동상 위 하늘을 한 바퀴 빙글 돌아 동상의 발치에 내려앉았습니다.

"와, 오늘 밤엔 멋진 황금침대에서 자겠는 걸. 도시가 다 내려다보이고 공기도 시원하다."

제비는 혼잣말을 하고 잠 잘 준비를 했습니다.

툭!

그런데 그때, 커다란 물방울이 날개 위로 떨어졌습니다. 제비는 하늘을 올려다보았습니다.

"이상하네. 하늘에는 구름 한 점 없고, 별들도 저렇게 반짝이는데 빗방울이 떨어지다니."

툭!

그때 또 빗방울이 떨어졌습니다. 제비는 빗방울 맞은 날개를 부르르 털며 말했습니다.

"에이, 여기서는 못 자겠다. 비를 맞으며 잘 수는 없지. 지붕이 있는 다른 곳으로 가야겠다."

제비가 다른 곳으로 떠나려고 날개를 펼치는데 또 '툭!' 하고 빗방울이 떨어졌습니다. 그때서야 제비는 고개를 갸웃하며 위를 올려다보았습니다. 그 물은 하늘에서 오는 비가 아니라 행복한 왕자의 두 눈에서 떨어지는 눈물이었습니다. 행복한 왕자의 눈에는 눈물이 그렁그렁 고여 있었습니다. 눈물은 왕자의 황금빛 볼을 타고 주르르 흘러내리고 있었습니다. 제비는 왕자의 어깨 위로 날아가 앉았습니다.

"당신은 누구예요?"

제비가 물었습니다.

"나는 행복한 왕자란다."

"그런데 왜 울고 있어요? 왕자님 때문에 제 날개가 젖을 뻔했잖아요."

"살아 있을 때 나는 눈물이 무엇인지 몰랐단다. 낮에는 정원에서 친구들과 뛰어놀았고, 밤에는 파티에서 춤을 추었지. 그런 나를 사람들은 '행복한 왕자'라고 불렀단다. 나는 궁전 담 바깥에 어떤 세상이 있는지 전혀 몰랐어. 그러다가 내가 병에 걸려 죽자 사람들은 나를 동상으로 만들어 여기 세워놓았지. 이곳에서 난 도시의 불쌍한 사람들을 많이 보게 되었지. 그래서 이렇게 눈물을 흘리고 있는 거란다."

행복한 왕자가 계속 말을 이어나갔습니다.

"제비야, 저 멀리 보이는 좁은 골목에 허름한 집이 한 채 있어. 열려 있는 창문 앞에 한 여인이 앉아있구나. 지친 얼굴에 상처투성이의 손을 가진 여인은 재봉사란다. 병에 걸린 아들이 오렌지가 먹고 싶다고 보채지만 아들에게 줄 것은 물밖에 없는 가난한 여인이란다. 귀여운 제비야, 내 칼자루에 박힌 루비를 뽑아 저 여인에게 가져다주지 않을래? 나는 발이 붙어있어서 꼼짝 할 수가 없구나."

하지만 제비는 고개를 저었습니다.

"저는 오늘 밤 푹 쉬어 힘을 저축한 뒤 남쪽나라로 날아가야 해요. 따뜻한 남쪽나라에서 친구들이 저를 기다리고 있어요."

행복한 왕자가 눈물이 그렁그렁한 눈으로 말했습니다.

"제비야, 하룻밤만이라도 좋으니 내 곁에 머물면서 심부름을 해주지 않겠니? 저 아이에게 달콤한 오렌지를 먹게 해주고 싶어."

행복한 왕자의 슬픈 표정을 보자 제비는 더 이상 거절할 수가 없었습니다.

"좋아요. 그럼 딱 하룻밤만 왕자님의 심부름을 해드릴게요."

"고맙다, 착한 제비야."

제비는 칼자루에 박힌 루비를 뽑아 물고 도시의 지붕 위를 날아가 허름한 여인의 집에 다다랐습니다. 엄마를 보채다가 지친 사내아이와 엄마는 곤히 잠이 들어있었습니다. 날개 소리가 나지 않도록 미끄러지듯 날아 창문으로 들어간 제비는 탁자 위에 커다란 루비를 내려놓았습니다. 그리고 열이 많이 나는 아이의 이마에 자신의 날개로 부채질을 해주었습니다.

"아, 시원해."

끙끙 앓던 아이는 잠꼬대를 하며 새근새근 잠이 들었습니다.

제비는 행복한 왕자에게 돌아와 자신이 한 일을 말해주었습니다.

"그런데 참 이상해요. 이렇게 밤바람이 차가운데 제 몸은 오히려 더 따뜻해졌어요."

행복한 왕자의 눈에 고여 있던 눈물이 사라지고 입가에는 다정한 미소가 퍼졌습니다.

"그건 네가 착한 일을 했기 때문이란다."

행복한 왕자의 말에 제비는 가만히 생각에 잠겼습니다.

'착한 일을 하면 몸과 마음이 왜 따뜻해지는 걸까?'

생각을 하던 제비는 하루종일 날아다니느라 지쳐 행복한 왕자의 어깨에 앉은 채로 사르르 잠이 들었습니다.

아침 햇살이 비쳐오자 제비는 강으로 날아가 물을 마셨습니다. 시원한 강물을 마시자 몸도 개운하고 또 오늘은 친구들이 있는 곳으로 떠날 생각을 하니 기분도 좋아졌습니다. 도시 이곳저곳을 구경하던 제비는 행복한 왕자에게 날아갔습니다.

"전 지금 떠날 거예요. 행복한 왕자님, 안녕히 계세요."

"제비야, 하룻밤만 더 있다가 떠나면 안 되겠니?"

"친구들이 저를 기다리고 있어요. 친구들은 지금쯤 따뜻한 바람을 맞으며 강물 위를 날고 있을 거예요."

"착한 제비야, 저 멀리 보이는 다락방에 한 젊은이가 있단다. 종이가 널려있는 책상에 고개를 푹 숙이고 앉아 있구나. 저 젊은이는 연극대본을 써야 하는데, 너무 배가 고파 그만 정신을 잃은 것 같구나."

행복한 왕자의 얼굴이 슬픔으로 가득차자 제비는 더 거절할 수가 없었습니다.

"그럼 하룻밤만 더 머물게요. 저 사람에게도 루비를 가져다줄까요?"

"아니 이제 그럴 수가 없구나. 나에게 더 이상 루비는 없단다. 남은 것은 내 두 눈뿐이야. 내 눈에 박힌 사파이어 중 하나를 빼서 저 청년에게 가져다주렴. 보석상에 팔면 먹을 것을 많이 살 수 있을 거야."

제비의 눈이 휘둥그레졌습니다.

"안돼요. 그러면 행복한 왕자님은 볼 수 없게 되잖아요."

"괜찮단다. 한쪽 눈으로 보면 되잖니."

제비는 마음이 아팠지만, 왕자가 계속 부탁을 하자 하는 수 없이 왕자의 한쪽 눈에서 사파이어를 빼냈습니다. 제비는 사파이어를 입에 물고 가난한 젊은이가 있는 다락방으로 날아갔습니다. 그리고 고개를 숙인 청년 옆에 사파이어를 놓아두고 나왔습니다. 그런 뒤 창문을 나오며 날개 소리를 요란하게 냈습니다. 그 소리에 정신을 차린 청년이 옆에 놓여 있는 사파이어 보석을 발견했습니다.

"아, 누군가 남몰래 나를 돕고 있는 게 분명해. 이 보석만 있으면 연극 대본을 완성할 수 있어."

청년은 기뻐하며 빵집으로 달려갔습니다.

다음날, 제비는 항구 쪽으로 날아가 뱃사람들이 열심히 일하는 모습을 구경한 뒤 행복한 왕자 곁으로 날아왔습니다.

"행복한 왕자님, 이제 작별인사를 드리러 왔어요."

하지만 왕자는 슬픈 표정으로 말했습니다.

"제비야, 하룻밤만 더 있어주지 않겠니?"

"안 돼요. 이제 곧 겨울이 되고 차가운 눈이 내릴 거예요. 저는 차가운 겨울은 견딜 수 없는 새에요. 사랑하는 왕자님, 전 이제 떠나야 해요."

행복한 왕자는 미안한 표정으로 말을 꺼냈습니다.

"착한 제비야, 저기 광장 아래쪽에 성냥을 파는 어린 소녀가 있단다. 저 아이는 실수로 성냥을 모조리 하수구에 빠뜨렸구나. 한 푼도 가져가지 못하면 아이 아버지가 가만 두지 않을 텐데 저 소녀만은 꼭 도와주고 싶단다. 제비야, 울고 있는 저 아이에게 내 남은 한쪽 눈의 사파이어를 가져다주었으면 고맙겠구나."

"하지만 그러면 왕자님은 영영 앞을 보지 못하게 돼요."

제비는 거절했습니다. 아무리 착한 일이라지만 그 사파이어마저 빼낸다면 행복한 왕자는 아무것도 보지 못하게 되기 때문입니다.

"괜찮단다. 난 이미 도시에서 일어나는 일들을 너무 많이 봐왔단다."

왕자가 계속 부탁하자 제비는 더 이상 거절할 수가 없었습니다. 내키지 않았지만 제비는 사파이어를 물고 날아가 소녀의 손바닥에 살며시 떨어뜨려 주었습니다.

"어머나, 처음 보는 예쁜 유리조각이네."

소녀는 환하게 웃으며 집으로 달려갔습니다. 기쁘게 뛰어가는 소녀 뒷모습을 한참 동안 바라보던 제비는 다시 왕자에게 돌아왔습니다. 그리고 앞을 보지 못하는 왕자 곁을 떠나지 않기로 했습니다.

다음날부터 제비는 도시 이곳저곳에 사는 불쌍한 사람들의 이야기를 왕자에게 들려주었습니다. 그때마다 왕자는 자신의 몸을 감싸고 있는 금박 한 조각씩을 내어주었습니다. 제비는 행복한 왕자의 몸에서 떼어 낸 금박을 물고 배고픈 아이들과 가난한 사람들을 찾아갔습니다.

그러던 어느 날, 하늘에서 눈이 내리기 시작했습니다. 겨울에는 따뜻한 나라로 옮겨가서 살아야 하는 제비는 추위를 견디기 어려웠습니다. 하지만 왕자 곁을 떠나지 않고 열심히 왕자의 부탁을 들어주었습니다. 그리고 왕자의 몸에 붙어 있던 마지막 금박을 떼어다 주고 오는 길에 이제 자신의 기운이 다 떨어진 걸 알았습니다. 비틀비틀 있는 힘을 다해 행복한 왕자의 어깨까지 날아온 제비가 말했습니다.

"사랑하는 왕자님! 이제 저는 떠나려고 해요. 떠나기 전에 왕자님 손에 입맞춤을 해도 될까요?"

"착한 제비야, 그 동안 수고 많았구나. 네가 따뜻한 남쪽나라로 가겠다니 기쁘구나. 그 동안 나를 도와주었으니 내 입술에 입을 맞추어도 좋아."

제비는 힘없이 웃으며 말했습니다.

"제가 지금 가려는 곳은 남쪽나라가 아니에요. 전 이제 남쪽나라까지 갈 힘이 없어요. 대신 영원히 깨지 않을 잠의 나라로 떠나려고 한답니다. 그곳에는 추위도 없고 배고픔도 없겠지요. 왕자님 덕분에 저도 행복했어요. 감사해요."

제비는 행복한 왕자의 입술에 살짝 입을 맞추고 왕자의 발밑으로 떨어졌습니다. 그리고 겨우 눈을 떠 행복한 왕자님을 한 번 올려다본 뒤 숨을 거두었습니다.

'떵!'

그 순간, 왕자의 가슴 속에서 무언가 깨어지는 소리가 났습니다. 납으로 만들어진 왕자의 심장이 두 동강 나는 소리였습니다.

다음 날 아침, 도시의 시장과 시민들이 광장을 지나다가 동상을 쳐다보았습니다.

"엥? 저게 뭐야? 행복한 왕자 동상이 왜 저렇게 흉측하게 변했지?"

사람들이 놀란 것은 당연했습니다. 칼자루에 박힌 루비도, 두 눈의 사파이어도 사라진데다 왕자 몸을 감싸고 있던 찬란한 황금도 모두 떨어져 나가 보기 흉한 잿빛 동상만 서 있었기 때문입니다. 도시의 시장은 사람들의 의견을 받아들여 행복한 왕자의 동상을 기둥에서 내렸습니다. 그리고 동상을 녹여 다른 동상을 만들기 위해 용광로에 넣었습니다. 그런데 이상한 일이 생겼습니다. 뜨거운 용광로 불에 동상은 모두 녹았는데 동상 가슴 속에 있던 납으로 된 심장은 녹지를 않는 것이었습니다. 아무리 센 불로 녹이려 해도 납 심장은 녹지 않았습니다.

"허, 이거 참 별일도 다 있구먼. 납은 다른 쇠보다 약해 금방 녹는 건데 이 납덩어리는 왜 이러는지 알 수가 없네."

인부들이 고개를 갸웃거리며 납을 쓰레기더미에 버렸습니다. 그런데 버려진 납 바로 옆에는 행복한 왕자의 발치에서 죽어 있던 제비도 버려져 있었습니다.

며칠이 지난 어느 날, 하느님이 천사를 불렀습니다.

"천사야, 저 도시로 내려가 가장 귀중한 것 두 가지를 가져오너라."

천사는 도시 하늘 위를 두 바퀴나 날아서 돌며 가장 귀중하다고 생각되는 것을 찾았습니다. 그리고 쓰레기더미로 내려가 행복한 왕자의 납 심장과 죽은 제비를 하느님께 가져갔습니다. 하느님은 아주 기뻐하며 말했습니다.

"내가 생각했던 걸 가져왔구나. 이 제비는 하늘나라에서 영원히 살게 할 것이다. 그리고 이 납 심장은 행복한 왕자로 다시 태어나 나와 함께 이 하늘나라에서 영원히 행복하게 살 것이다."

이야기해준 뒤 아이와 함께

역할 놀이

아이는 행복한 왕자가 되고, 엄마(아빠)는 제비 역할을 맡습니다. 종이를 찢어 금붙이나 보석이라고 가정한 뒤 아이가 손에 쥐거나 주머니에 넣습니다. 아이가 도시를 바라보며 제비에게 그 금붙이를 누구에게 가져다주라고 부탁하면 제비가 가져다주고 옵니다.

주인공에게 말 걸기

엄마(아빠)가 이야기 속 주인공 역할을 하고 아이에게 궁금한 내용을 물어보게 합니다. 예를 들어 다음과 같은 방식으로 합니다.

"지금부터 엄마가 행복한 왕자가 될게. 행복한 왕자에게 궁금한 것들이 있으면 물어봐봐." 혹은 "지금부터 네가(아이가) 제비가 되는 거야. 엄마가 궁금했던 걸 물어볼게. '빨리 남쪽 나라로 가야 하는데 행복한 왕자가 부탁을 했을 때 어떤 생각이 들었어?'"

4

마법에 걸린 왕자

미녀와 야수

이야기 요약

상인이 사고로 재산을 모두 잃고 갑자기 가난해지자 첫째와 둘째 딸은 불평을 하지만 막내딸은 아버지를 위로한다. → 다시 부자가 될 수 있다는 소식을 들은 상인은 항구로 가지만 실망하고 돌아오는 길에 숲에서 길을 잃는다. → 상인은 신비한 성에 들렀다가 정원의 장미를 꺾자 야수가 나타나 죽이려고 한다. → 세 명의 딸 중 한 명을 보내주면 살려준다는 말에 막내딸 벨이 성으로 간다. → 벨은 야수가 무시무시한 겉모습과 달리 착하다는 걸 알게 된다. → 아버지가 병에 걸리자 벨은 야수에게 일주일 후에 꼭 돌아오겠다는 약속을 하고 집으로 간다. → 야수의 성에서 행복하게 지낸다는 벨에게 질투가 난 언니들이 성으로 못 돌아가게 만든다. → 벨이 약속을 어기자 야수는 강가에서 죽어간다. → 벨이 야수를 살리자 야수는 마녀의 저주에서 풀려나 왕자의 모습으로 돌아온다.

등장 인물

- 벨 : 상인의 셋째 딸로 아버지를 살려주는 대신 야수의 성에서 살게 된다.
- 야수 : 왕자였지만 마녀의 저주로 야수가 되어 성에서 홀로 산다. 자신을 사랑해주는 아가씨가 있어야 저주가 풀린다는 걸 알고 있다.
- 상인 : 세 딸을 사랑하는 아버지로, 부자였다가 사업이 망해 가난해진다.
- 큰 언니 : 상인의 큰 딸로 값비싼 보석을 좋아하고 질투심이 많다.
- 둘째 언니 : 상인의 둘째 딸로 예쁜 드레스를 좋아하고 큰 언니처럼 질투심이 많다.

이야기 속으로

옛날옛날 아주 먼 옛날, 멀고 먼 어느 나라에 돈이 아주 많은 상인이 있었습니다.

그 상인은 사랑스러운 딸 세 명과 함께 크고 화려한 집에서 살았습니다. 엄마가 일찍 돌아가셨기 때문에 상인은 엄마 없이 자라는 딸들을 더욱 예뻐했습니다. 상인은 먼 나라로 장사를 나갔다가 돌아올 때는 항상 귀하고 좋은 선물을 사가지고 왔습니다. 딸들이 좋아하는 것이라면 보석이나 옷이나 음식이나 무엇이든 다 사주었습니다.

첫째 딸은 아름다운 보석을 좋아했습니다. 다이아몬드 목걸이와 에메랄드 귀걸이뿐만 아니라 온몸에 희귀한 보석들을 주렁주렁 매달고 살았습니다. 하지만 첫째 딸은 보석만 좋아하고 누가 선물을 주어도 감사하다는 말을 하지 않는 버릇없는 아가씨였습니다.

둘째 딸은 멋진 드레스를 좋아했습니다. 항상 비단 드레스와 화려한 깃털 모자를 썼는데 그 모습은 마치 왕비 같았습니다. 하지만 둘째 딸은 드레스만 좋아할 뿐 사치스럽고 심술궂은 아가씨였습니다.

막내딸은, 첫째나 둘째와는 달랐습니다. 그 동네에서 막내딸만큼 착하고 예쁜 소녀는 없었습니다. 이름은 '벨'이었는데 프랑스어로 '아름답다'는 뜻입니다. 막내딸은, 꾸미기만 좋아하는 언니들과 달리 멋진 드레스나 귀한 보석으로 치장하지 않아도 항상 환하게 웃는 모습만으로도 사람들의 사랑을 받았습니다. 그뿐만 아니라 집에서 일어나는 크고 작은 일을 잘 처리하는 지혜도 있었고, 혹시나 아빠가 힘들어하실까봐 선물도 원하지 않았습니다.

그러던 어느 날이었습니다. 그날도 언니들은 친구들을 불러 집에서 큰 파티를 열고 있었는데, 먼 나라에 장사를 나갔던 상인이 돌아왔습니다. 그런데 상인은 다른 날과는 완전히 다른 모습이었습니다. 집으로 들어오는 상인의 모습은 마치 거지같았습니다. 옷은 모두 해진데다 여기저기가 찢겼고 모자도 없어져 머리는 온통 헝클어져 있고 다리도 다친 듯 절뚝거렸습니다.

"어머, 아빠 이게 무슨 일이에요?"

막내딸 벨이 뛰어나가 상인을 부축해 집으로 들어왔습니다. 상인은 절뚝거리며 들어와 의자에 털썩 주저앉았습니다. 벨의 언니들과 파티를 즐기던 친구들은 상인의 모습을 보고 마치 전염병 걸린 사람이라도 본 듯 서둘러 돌아갔습니다.

"사랑하는 딸들아, 아주 끔찍한 일이 일어났단다."

상인은 이번에 장사하러 가서 있었던 일을 말해주었습니다. 상인이 팔 물건을 저장해두는 창고에 불이 나서 모두 탄 것도 모자라, 물건을 싣고 다른 나라로 가던 배는 폭풍우를 만나 가라앉았다고 합니다. 한 마디로 말해서 쫄딱 망해 거지가 된 것입니다. 그리고 지금 살고 있는 집과 보석이나 고급 옷도 모두 빚쟁이들이 빼앗아 갈 거라고 했습니다. 상인의 말을 들은 첫째 딸과 둘째 딸은 비명을 질렀습니다.

"아빠, 그럼 우리는 이제 집도 없이 어디서 살아요?"

"아빠, 이제 좋은 옷도 못 입는 거예요?"

자신들 생각만 하는 언니들과 달리 막내딸 벨은 조용히 아버지의 어깨를 감싸 안았습니다.

"아빠, 걱정하지 마세요, 다 잘 될 거예요."

다음 날 아침, 상인과 세 딸은 일찍 집을 떠났습니다. 빚쟁이들이 몰려와 쫓아내기 전에 미리 떠난 것입니다. 그들이 가진 거라고는 옷 몇 벌과 작은 마차 한 대 뿐이었습니다.

가족들은 마차를 타고 한없이 먼 길을 갔습니다. 처음 가보는 마을을 지나 더 멀리, 더 먼 지방까지 가던 그들은 작고 허름한 오두막집을 발견했습니다. 마당에는 잡초와 가시덤불이 가득했지만 모두들 너무 지쳐 그 집에서 살기로 했습니다.

막내딸 벨은 아버지와 함께 초라한 오두막을 열심히 수리하고 마당에 수북한 잡초를 뽑았습니다. 하지만 언니들은 매일 한숨만 쉬며 지냈습니다.

"도대체 언제까지 이렇게 살아야 하는 거야?"

"예쁜 옷도 없고 빛나는 보석도 없이 무슨 재미로 살란 말이야?"

언니들의 불평은 날이 갈수록 심해졌고, 그런 딸들을 바라보는 상인의 마음도 무척 아팠습니다. 하지만 이제는 딸들이 원하는 걸 해줄 수가 없고 예쁜 선물도 사줄 수 없었습니다.

시간이 흘러 어느덧 일 년이 지난 어느 날 아침, 집배원이 편지 한 장을 전해주었습니다. 편지를 뜯어보던 상인의 얼굴이 활짝 펴지며 환호성을 질렀습니다.

"어떻게 이런 일이!"

일 년 전에 수많은 물건을 싣고 외국으로 떠났던 상인의 배가 폭풍으로 가라앉은 줄 알았는데, 사실은 가라앉은 게 아니라 폭풍우 때문에 길을 잃고 바다를 헤매다가 이제야 항구에 도착했다는 소식이었습니다. 그 배에 실린 물건들만 있다면 다시 예전과 같이 부자가 될 수 있었습니다. 상인은 당장 항구로 떠날 준비를 하며 돌아올 때 가져올 선물로 무엇이 좋은지 세 딸에게 물었습니다.

"저는 커다란 진주를 선물로 받고 싶어요."

첫째 딸의 대답이 끝나기도 전에 둘째 딸도 재빨리 말했습니다.

"아빠 저는 비단으로 만든 최고급 드레스를 받고 싶어요."

들뜬 언니들과 달리 막내딸 벨은 아무 말도 하지 않았습니다. 상인은 막내딸에게 물어보았습니다.

"막내야, 너도 무엇이든 말해 보거라. 내가 구해다 주마."

벨이 싱긋 웃으며 말했습니다.

"저는 아빠가 무사히 잘 다녀오시면 그걸로 충분해요."

"오냐. 내 잘 다녀올 테니 네가 갖고 싶은 것이 있으면 말해 보거라."

아버지의 거듭된 말에 벨은 갖고 싶은 걸 말했습니다.

"그럼 전 장미꽃을 가져다주세요. 이곳엔 장미가 없으니까요."

벨의 대답에 언니들은 짜증을 냈습니다.

"금방 시들어버릴 쓸모없는 장미 따위를 달라니. 쟤는 시골에서 살더니 머리가 어떻게 된 거 아냐?"

상인은 힘차게 말을 달려 항구로 떠났습니다. 그런데 항구에 도착해 보니 상인의 배에 실렸던 물건들은 하나도 남아있지 않았습니다. 소식을 들은 빚쟁이들이 몰려와 모두 가져간 뒤였습니다. 상인은 텅 빈 배만

멍하니 보다가 빈손으로 돌아올 수밖에 없었습니다.

항구로 뛰어갈 때의 힘찬 발걸음과 달리 돌아오는 발걸음은 터덜터덜 힘이 없었습니다. 거기다가 때 아닌 눈보라가 몰아쳐 숲에서 길을 잃고 말았습니다. 날이 어두워지자 숲 곳곳에서 배고픈 짐승들의 울음소리가 들렸고, 늑대들이 울부짖는 소리도 들렸습니다.

"아, 여기서 늑대 밥이 되고 마는 것인가?"

상인은 이제 희망이 없다고 느꼈습니다. 그런데 그때, 멀리서 희미한 불빛이 보였습니다.

"살았다. 불빛이 있다는 건 사람이 사는 집이 있다는 것이다."

상인은 남은 힘을 다해 희미하게 보이는 불빛을 향해 갔습니다. 몰아치는 눈보라 때문에 눈앞이 흐려지고 힘이 들었지만 사랑하는 딸들을 위해서 꼭 살아야만 했습니다. 가까이 갈수록 불빛은 눈부시게 많아졌고, 더 가까이 가자 그 불빛들은 하늘보다 더 높게 솟은 듯한 거대한 성을 밝히고 있었습니다.

"세상에, 이런 깊은 숲속에 이렇게 웅장한 성이 있다니."

놀란 상인이 성 정문으로 다가가자 마치 기다렸다는 듯이 커다란 성문이 스르르 열렸습니다. 어느새 눈보라는 그쳤고 어디선가 달콤한 감귤향이 풍겨왔습니다. 상인은 고개를 갸웃하며 성으로 들어갔고 성의 정원에는 넓은 잔디밭과 아름다운 나무들로 꾸며져 있었습니다.

상인이 정원을 지나 현관 앞까지 오자 이번에도 현관문이 스르르 열렸습니다. 방 안에는 아름다운 가구들과 수많은 촛불이 환하게 켜져 있었습니다. 벽난로에는 장작불이 활활 타오르고 그 앞 식탁에는 맛있는 음식이 가득 차려져 있었습니다.

"주인도 없는데 음식을 먼저 먹을 수도 없고…. 하지만 배가 고픈데 이걸 어쩐담."

상인은 성의 주인을 기다렸지만 더 이상 배고픔을 참을 수가 없었습니다. 미안한 마음은 있었지만 자기도 모르게 식사를 하기 시작했고, 그것은 지금까지 먹어본 어떤 요리보다 맛이 있었습니다. 포도주도 최고급이었고 후식으로 놓여있던 과일도 이 세상의 맛 같지가 않았습니다. 맛있는 음식과 포도주까지 한 잔 먹은 상인은 배가 부르자 졸음이 쏟아졌고, 옆방에 있는 아늑한 침대에 눕자마자 잠이 들었습니다.

상인이 아침에 눈을 뜨자 침대 옆에는 새 옷이 놓여 있고, 식탁에는 또 맛있는 아침식사가 준비되어 있었습니다.

'햐, 이거 정말 신기한 성이군. 성에 사는 요정이 내 처지를 딱하게 여겨 도와주는 건지도 몰라.'

푹 자고 아침까지 잘 먹어 다시 기운을 차린 상인은 성을 나서기 전에 보이지 않은 성 주인에게 감사 인사를 했습니다.

"다 죽게 된 저에게 이렇게 맛있는 음식과 편한 잠자리를 주셔서 감사합니다. 누추하지만 언젠가 저희 집에도 방문해 주세요."

성의 현관문을 나서자 정원에는 햇빛을 받아 환하게 반짝이는 빨간 장미꽃들이 피어 있었습니다. 어제 밤에는 어두워서 보지 못했던 꽃밭이었습니다. 상인은 탐스러운 장미꽃을 보자 막내딸 벨의 부탁이 떠올랐습니다. 진주나 드레스를 원한 언니들의 소원은 들어줄 수 없었지만 막내딸의 소원은 들어주고 싶었습니다. 그래서 그중에서도 가장 아름답고 큰 장미꽃 한 송이를 꺾었습니다. 그런데 꽃을 꺾는 순간, 갑자기 환하던 정원이 온통 캄캄해지고 고통스런 울부짖음이 무섭게 들려왔습니다.

"이 은혜도 모르는 인간아. 기껏 대접을 해주었더니 내 소중한 장미를 꺾다니. 오늘 그대는 죽음으로 그 대가를 치러야 할 것이다."

겁이 난 상인은 후다닥 달려 성의 정문을 빠져나가려 했습니다. 하지만 성문 앞에 다다르자 성문은 철컹 하고 닫혀버렸습니다. 그리고 엄청나게 큰 손이 상인의 목덜미를 잡아챘습니다. 뒤돌아본 상인은 숨이 턱 막혔습니다. 뒤에서 상인의 목덜미를 잡고 있는 건 무시무시한 야수였고, 두 눈이 이글거리는 야수가 금방이라도 상인을 죽일 듯이 노려보고 있었습니다. 야수의 얼굴은 사자처럼 갈기로 덮여 있고 눈은 무섭게 빛났으며 송곳니가 무시무시하게 컸습니다. 또 손과 발에는 크고 날카로운 발톱이 나 있었습니다. 기절할 듯이 놀란 상인은 재빨리 두 손을 모아 빌었습니다.

"나으리, 제발 용서해 주십시오. 모르고 한 일입니다. 딸아이가 장미를 갖고 싶다기에 가져다주려고 했을 뿐입니다."

야수가 날카로운 이를 드러내며 으르렁 댔습니다.

"'나으리'라고 부르지 마시오! 나는 야수요. 당신이 보는 모습 그대로 나는 인정사정도 없는 야수란 말이오."

그런데 야수가 잠깐 생각을 하더니 상인에게 물었습니다.

"지금 딸이 있다고 했소?"

"그, 그렇소. 딸이 셋 있소."

상인의 말에 다시 한참 동안 생각을 하던 야수가 상인의 목덜미를 놓아주며 말했습니다.

"나도 사람을 죽이고 싶진 않소. 그러니 당신 목숨 대신 세 딸 중 한 명을 준다면 받겠소. 그러나 나에게 강제로 오는 건 싫소. 딸이 스스로 결심하고 와야 하오. 그게 싫다면 당신은 돌아와 목숨을 내놓으시오."

야수는 마차를 준비하더니 그곳에 귀한 보석들과 아름다운 옷들을 잔뜩 실어주었습니다. 상인은 야수에게 딸을 줄 수도 없고, 그렇다고 여기서 죽을 수도 없어 마차를 끌고 터덜터덜 집으로 돌아갔습니다. 야수에게 딸을 주느니 차라리 자신이 죽겠다고 결심한 상인은 마지막으로 딸들의 얼굴이라도 보려는 마음이었습니다.

집에 도착하자 마차에 가득 실린 값비싼 보석들과 드레스 선물을 본 언니들은 팔짝팔짝 뛰며 기뻐했습니다.

"우와, 아빠 최고, 어떻게 이렇게나 많이 가져왔어요? 이게 모두 우리 것이라니."

상인은 막내딸 벨에게 붉은 장미 한 송이를 건넸습니다. 그리고 떨리는 목소리로 말했습니다.

"사랑하는 막내야, 네 선물을 위해 무엇보다도 큰 대가를 치르게 되었구나."

궁금해 하는 막내딸에게 상인이 야수의 성에서 겪은 일들을 말해주자 언니들은 막내를 비난했습니다.

"그러게 왜 필요도 없는 장미꽃을 달라고 해서 아빠를 힘들게 해?"

"벨, 다 너 때문이야. 너 때문에 아빠가 죽게 생겼잖아."

언니들이 소리치며 비난해도 조용히 생각에 잠겨 있던 벨이 아버지에게 말했습니다.

"아버지, 걱정하지 마세요. 모두 제 잘못으로 일어난 일이니 제가 야수한테 갈게요."

생각지도 못한 벨의 말에 놀란 아버지가 말렸지만 벨의 마음은 변하지 않았습니다. 자기가 안 가면 아버지가 죽는 걸 알기 때문입니다.

다음 날 아침, 벨과 아버지는 길을 나섰습니다. 하루 종일 말을 타고 달려 숲속 야수의 성에 도착했고, 두 사람이 성 앞에 서자 마치 기다렸다는 듯이 성문이 저절로 열렸습니다.

두 사람이 성으로 들어가 정원을 지나 다시 현관 앞에 이르자 현관문도 저절로 열렸습니다. 그리고 건물 안 커다란 식탁에는 두 사람을 위한 식사가 준비되어 있었습니다. 하지만 두 사람은 식사할 기분이 아니었습니다. 벨은 앞으로 어떻게 될지 두려웠고, 아버지는 사랑하는 딸을 무시무시한 야수에게 주어야 한다는 생각에 두려웠습니다.

그때, 따뜻하던 방안의 공기가 차가워지더니 한쪽 문에서 야수가 나타났습니다. 거대한 몸집의 야수가 걸어오는데, 발톱을 바닥에 끄는 기분 나쁜 소리에 두 사람은 저절로 몸이 떨렸습니다. 야수가 거칠고 울부짖는 듯한 목소리로 벨에게 물었습니다.

"그대는 스스로 원해서 여기에 온 것이오?"

벨은 떨려서 목소리가 나오지 않아 겨우 고개만 끄덕였습니다.

"그렇다면 환영합니다."

야수는 다시 상인을 향해 말했습니다.

"당신 딸이 당신을 구했소. 딸에게 미리 작별인사를 하고 쉬었다가 아침이 되기 전에 떠나시오."

야수는 그 말을 남기고 아까 들어왔던 문으로 사라졌습니다. 문을 닫고 나가는 야수의 뒷모습을 보며 벨은 이상한 생각이 들었습니다. 처음에 볼 때는 무시무시한 생김새 때문에 몹시 떨렸는데 야수의 행동을 보니 예의를 지키려고 하는 듯이 보였던 것입니다. 그리고 목소리가 거칠긴 했지만 벨에게 미안해하는 것처럼 느껴졌습니다.

벨은 슬퍼하는 아버지를 위로하다가 깜빡 잠이 들었는데 다음날 아침 깨어보니 아버지는 떠난 뒤였습니다. 혼자 남은 벨은 무서웠지만 어제 미안해하는 듯한 야수의 행동이 생각나 용기를 냈습니다.

벨이 자리에서 일어나 2층으로 올라가자 끝이 보이지 않는 긴 복도가 나타났습니다. 그리고 복도 맨 앞의 방에 '벨의 방'이라는 팻말이 붙어 있었습니다.

'이제부터 여기가 내 감옥이구나.'

벨은 문을 열고 방안으로 들어갔습니다. 그런데 방은 전혀 감옥 같지 않았습니다. 오히려 멋진 가구와 꽃들로 호화롭게 꾸며져 있었습니다. 방은 여러 개가 이어져 있는데, 커다랗고 푹신한 침대가 있는 방, 옷을 갈아입는 방이 있었고 옷장에는 아름답고 화려한 옷들이 가득했습니다. 거실에는 푹신한 의자가 준비되어 있고 화장실에는 온갖 향수가 있었습니다. 또 음악이 흐르는 음악실도 있었습니다. 그 중에서도 벨이 가장 마음에 든 방은 바닥부터 천장까지 책이 쌓인 도서관이었습니다. 방들을 둘러보며 벨은 무서운 생각이 점점 사라졌습니다.

'야수가 이렇게 나를 위해 꼼꼼하게 준비해준 걸 보면 나를 죽일 생각

은 아닌가 봐.'

무섭던 마음이 사라지자 벨은 가족들이 보고 싶었습니다.

'아, 사랑하는 아빠와 언니들은 잘 있을까?'

벨이 그런 생각을 하자 갑자기 한쪽 벽이 열리며 커다란 거울이 나타났습니다. 더 신기한 건 그 거울에 가족들이 지금 무엇을 하고 있는지 보였던 것입니다. 언니들이 야수가 보내준 새 옷과 보석을 걸치고 아버지 앞에서 자랑하고 있었습니다. 가족이 무사한 걸 본 벨은 조용히 감사의 말을 했습니다.

"야수님 고마워요. 당신은 생각보다 친절한 분이군요."

거울을 통해 가족들을 보고, 또 많은 방들을 구경하는 동안에 벌써 저녁때가 되었습니다. 벨은 향기로운 물로 목욕을 한 뒤 옷장에서 가장 화려하고 아름다운 옷을 꺼내 입었습니다. 그리고 저녁식사를 하러 아래층으로 내려갔습니다.

아래층에는 이미 식사 준비가 되어 있었습니다. 수많은 촛불로 환해진 식탁은 아름다웠고 차려진 음식은 먹음직스러웠습니다. 벨이 자리에 앉자 시계가 아홉 시를 쳤습니다. 그러자 벽의 문이 열리더니 야수가 나타났습니다. 야수의 모습은 여전히 무시무시해서 아까 감사해하던 생각과는 달리 벨은 기절할 지경이었습니다. 그런 벨의 마음을 아는지 모르는지 야수는, 벽을 긁는 듯하고 울부짖는 듯한 목소리로 천천히 말했습니다.

"벨, 같이 식사해도 되겠소?"

벨은 용기를 내 고개를 들고 야수를 쳐다보며 조금은 쌀쌀맞게 말했습니다.

"내가 싫다고 해도 야수님 하고 싶은 대로 할 거 아닌가요?"

말은 그렇게 했지만 벨은 야수가 화를 내면 어쩌나하는 마음이었습니다. 하지만 야수는 고개를 숙인 채 대답했습니다.

"아닙니다. 여기 있는 모든 것은 당신을 위해 차려놓은 겁니다. 당신이 원하신다면 혼자 있게 해드리지요."

생각지도 못한 야수의 말에 벨은 놀랐습니다. 혹시 야수가 자기를 놀리려고 그러는 건 아닌지 야수의 표정을 보려 하였지만 야수는 고개를 숙인 채 말했습니다.

"방이라도 당신 마음에 들었으면 좋겠습니다. 나는, 나는 이렇게 흉측한 모습이니까요."

"아니, 제 말은 그런 뜻이 아니라…."

벨은 야수의 기분을 상하게 하고 싶진 않았지만 거짓말을 할 수도 없었습니다.

"당신은 친절한 분 같아요. 하지만 당신 모습은 무서워요."

벨의 말을 들은 야수는 괴로운 표정으로 자리에서 일어났습니다. 아마도 아까 들어왔던 문으로 나가려는 듯했습니다. 벨은 급하게 말했습니다.

"하지만 겉모습이 다는 아니잖아요."

"정말 그렇게 생각하시오?"

벨의 말에 야수가 갑자기 벨 쪽으로 확 다가와 고개를 기울였습니다. 야수가 얼마나 가까이 다가왔던지 쌕쌕거리는 거친 숨결이 느껴질 정도였습니다. 야수의 이빨은 크고 날카로워 보였습니다. 야수가 간절한 표정으로 벨에게 부탁하듯이 말했습니다.

"그러면 나와 결혼해 주겠소?"

벨은 야수가 바로 눈앞에서 그런 말을 하자 너무 무서워 자기도 모르게 고개를 저었습니다.

"싫어요. 싫어요."

야수의 눈에 눈물이 가득 고였습니다. 그러더니 천천히 돌아서 푸욱 하고 한숨을 쉬며 방을 나갔습니다.

다음날도, 또 그 다음날도 식탁에는 맛있는 음식이 차려졌는데 놀랍고 신기한 건 그뿐이 아니었습니다. 벨은 열어보지 않은 방들도 들어가 보았는데 각 방에는 한 번도 보지 못한 장난감이나 보석 등등이 가득했습니다. 방 구경을 하다가 싫증이 나면 몇 시간이고 말을 타거나 산책을 하기도 했습니다. 세상의 온갖 꽃들이 핀 듯한 정원은 정말 아름다웠습니다. 그리고 또 한 가지 변한 것은, 벨은 이제 야수를 무서워하지 않게 되었습니다. 야수는 항상 벨에게 예의바르고 상냥했습니다. 비록 갈기털과 긴 발톱과 이빨 등등 겉모습은 무시무시했지만 속마음은 아주 착하다는 걸 알았습니다.

야수는 매일 저녁 아홉 시가 되면 나타나 벨에게 식사를 같이 해도 되느냐고 물었습니다. 이제 벨은 야수와 식사하는 시간이 즐거웠습니다. 야수는 심심해하는 벨에게 즐거운 말동무가 되어 주었습니다. 하지만 한 가지 문제가 있었는데 야수는 매일매일 똑같은 질문을 했습니다.

"나와 결혼해 주겠소?"

그럴 때마다 벨은 "싫어요"라고 거절했고, 그때마다 야수는 한숨을 푸욱 내쉬며 돌아섰습니다. 그런데 다음 날이 되면 또다시 똑같은 질문을 하곤 했습니다.

그런 날들이 석 달이 지났을 때 벨은 굳게 마음을 먹고 야수에게 말했습니다.

"제발 그 질문은 더 하지 마세요. 더 이상 싫다고 말하기도 힘들고 그때마다 당신이 괴로워하는 걸 보기도 힘들어요. 당신과 결혼할 수는 없지만 가장 소중한 친구로 생각하고 있답니다."

야수는 무엇인가를 생각하는 듯 한동안 조용하더니 말했습니다.

"알았소. 그대가 힘들다면 다시는 묻지 않겠소. 대신 소중한 친구가 되어주겠다면 절대로 날 혼자 내버려두지 않겠다고 약속해 주시오."

벨은 약속해주고 싶었는데, 그날 아침 마법의 거울로 본 아버지 때문에 그럴 수가 없었습니다. 아버지가 벨을 걱정하다가 병이 들었던 것입니다.

"지금 아빠가 많이 아프세요. 집에 잠깐만 다녀오고 싶어요. 아빠 걱정으로 마음이 너무 아프답니다."

"당신 마음이 아프다니 내 마음도 아픕니다. 하지만 당신을 보낸다면 다시는 돌아오지 않겠지요. 그러면 저는 슬픔 때문에 죽을 겁니다."

슬픈 표정의 야수가 불쌍해서 벨은 털이 수북한 야수의 앞발을 어루만지며 말했습니다.

"약속할게요. 아빠께 제가 잘 지낸다는 것을 보여드리면 아빠도 금방 건강해지실 거예요. 아빠가 건강해지는 것만 보고 올게요. 일주일 후에 꼭 돌아올게요."

한참을 생각하던 야수는 무언가 결심한 듯이 말했습니다.

"당신을 믿겠소. 오늘 밤 잠들었다가 내일 아침에 눈을 뜨면 집에 도착해 있을 거요."

야수는 벨을 보내주기 싫은 듯 목소리에 힘이 하나도 없었습니다. 야수는 벨에게 금반지를 주며 말했습니다.

"이 반지를 잘 간직하시오. 돌아오고 싶을 땐 베개 위에 올려놓으면 됩니다. 그리고 벨, 제발 약속을 지켜주시오, 꼭."

말을 마친 야수는 벨을 한참동안 쳐다본 뒤 문 뒤로 사라졌습니다.

다음 날 아침, 여느 때처럼 침대에서 일어나던 벨은 깜짝 놀랐습니다. 그곳은 야수의 성이 아니라 옛날 자기 집 자기 침대였기 때문입니다. 벨보다 더 놀란 사람은 아버지였습니다. 벨이 야수에게 죽은 줄 알았는데 이른 아침에 벨이 눈앞에 나타나자 마치 귀신을 본 것처럼 놀랐습니다. 아버지는 막내딸 벨을 보자 너무 좋아 눈물을 펑펑 흘렸습니다. 두 사람이 그 동안 못했던 이야기를 나누며 좋아하자 그 소리에 언니들도 잠에서 깨었습니다.

"어? 벨 아니야? 너 지금 여기서 뭐하는 거야? 어떻게 여기에 왔어?"

언니들도 벨이 야수에게 죽은 줄 알았는데 벨을 보자 놀라는 건 당연했습니다. 벨은 그 동안 있었던 일들을 아버지와 언니들에게 모두 해주었습니다. 그런데 이야기를 듣던 언니들의 얼굴이 시기심으로 찡그려졌습니다. 처음에는 야수한테 잡혀 있는 벨이 불쌍했는데 이야기를 듣고 보니 그게 아니었던 것입니다. 비록 아버지가 야수한테 받아온 보석으로 잘 살게 되었지만 그래도 자신들은 시골에서 지루하게 살고 있는데 벨은 커다란 성에서 아무 부족함 없이 사는 듯했기 때문입니다. 언니들은 질투심 때문에 벨의 행복을 방해하기로 몰래 계획을 꾸몄습니다.

"일주일 후에 돌아가겠다고 야수랑 약속했다지? 그럼 일주일이 넘도록 안 돌아가면 화가 난 야수가 막내를 용서하지 않을 거야."

"맞아맞아. 우리가 일부러 잘 대해주면 벨도 야수와의 약속을 잊어버릴 거야."

언니들은 지금까지와는 전혀 다르게 벨에게 다정하고 상냥하게 굴었습니다. 처음 보는 언니들 모습에 벨은 감동했고, 모두가 오순도순 화목하게 지내자 아버지 병도 점점 나아갔습니다.

이렇게 모두 즐겁게 지내다보니 언니들의 계획대로 벨은 야수에게 돌아가야 한다는 걸 조금씩 잊게 되었습니다. 하지만 벨은 약속을 지키는 사람이었습니다. 돌아갈 날짜가 되어 벨이 짐을 꾸리자 언니들은 벨을 붙잡고 눈물을 흘렸습니다.

"막내야. 네가 이제 가면 언제 다시 볼지 모르는데 조금만 더 함께 있어주면 안 되겠니?"

"아빠도 병이 거의 나아가는데 병이 다 나을 때까지만 함께 있어줘."

사실 언니들은 오늘 눈물을 흘리기 위해 매일매일 매운 양파로 눈을 문질러 억지로 눈물 흘리는 연습을 했다는 걸 벨은 알지 못했습니다. 언니들이 울면서 붙잡자 벨은 며칠 더 집에 있기로 했습니다.

'며칠 늦어도 야수님이 이해해주실 거야.'

며칠이 지났습니다. 언니들도 잘 해주고 아버지 병도 거의 다 나아 행복해야 하는데 벨은 이상하게 마음이 불안했습니다. 성에 있는 야수 생각을 할 때마다 괜히 슬퍼졌습니다.

10일째 되던 날, 벨이 잠자리에 들기 전 거울을 보는데 거울 속에 야수의 모습이 보였습니다. 그런데 야수가 정원에 쓰러져 있었고, 자세히 보니 병이 들어 괴로워하고 있었습니다. 그걸 본 벨은 야수와의 약속을 지키지 못한 자신의 잘못을 깨달았습니다.

'당장 돌아가야 해. 야수님이 아픈 것은 나 때문이야. 내가 약속을 어겨서….'

벨은 야수가 준 반지를 베개에 올려놓고 눈을 감았습니다. 그리고 잠깐 잠이 들었다가 눈을 떠보니 어느새 야수의 성 자기 방 침대였습니다.

눈을 뜬 벨은 주변을 살펴보았습니다. 따뜻하기만 했던 방에는 찬바람이 불고 주위는 쓸쓸해보였습니다. 벨은 아래층으로 내려갔습니다. 하지만 그곳에는 아무도 없었습니다.

'내가 일주일 후에 오지 않으면 야수님이 슬픔으로 죽을 거라고 했는데, 설마 진짜였을까?'

급하게 건물 바깥으로 나온 벨은 서둘러 성 이곳저곳을 살펴봤습니다. 모든 방들은 굳게 잠겨있었습니다. 벨은 울음이 나오려는 걸 참으며 텅 빈 성에서 큰소리로 외쳤습니다.

"저 돌아왔어요. 야수님, 어디 계세요?"

벨은 더 늦기 전에 야수를 찾아야 한다는 생각이 들었습니다.

'맞아. 집에서 거울로 본 야수님은 강가에 쓰러져 계셨어.'

벨은 강 쪽으로 있는 힘껏 달려갔습니다. 눈물이 펑펑 쏟아지는데 눈물 사이로 저 멀리 강가에 무언가 보였습니다. 그곳에 야수가 쓰러져 있었습니다.

"야수님, 제가 왔어요. 저 돌아왔어요."

벨은 정신없이 야수에게 뛰어갔습니다. 무시무시해 보이던 야수의 커다란 몸은 강가에 쓰러진 채 눈에 덮여 있었습니다.

"안 돼요. 죽으면 안 돼!"

벨은 야수 위에 덮여 있는 눈을 허겁지겁 치우고 야수를 흔들며 외쳤습니다.

"죽지 말아요. 내가 여기 왔잖아요. 제발 나와 함께 있어줘요."

벨이 울면서 야수를 흔들자 조금 정신이 든 야수가 겨우 눈을 뜨고 벨을 올려다보았습니다.

"벨, 당신은 약속을 지키지 않았소. 이제 너무 늦었소. 하지만 그래도 당신이 돌아와줘서 고맙소. 당신을 보고 죽을 수 있어 행복합니다."

힘들게 말을 마친 야수는 스르르 눈을 감았습니다. 그리고 더 이상 아무런 움직임도 없었습니다.

"안 돼요! 죽으면 안 돼요. 나는, 나는 당신을 사랑해요. 제발 나를 두고 죽지 말아요."

벨의 눈물이 야수의 얼굴로 뚝뚝 떨어졌습니다. 벨은 자기가 무시무시한 모습의 야수를 싫어하는 줄 알았습니다. 하지만 그 동안 자기에게 친절하게 대해주는 야수를 자신도 모르게 사랑하고 있었던 것입니다. 벨은 울음을 멈출 수가 없었습니다. 강가에는 하얀 눈이 소복소복 내리고 있었습니다.

그때, 바로 옆에서 벨의 귀에 대고 속삭이는 소리가 들렸습니다.

"벨, 나와 결혼해 주겠소?"

그 소리는, 그 소리는 벨이 저녁식사 때마다 듣던 그 소리, 바로 야수가 벨에게 매일 물어보던 질문이었습니다. 벨은 자기도 모르게 숙이고 있던 고개를 번쩍 들며 대답했습니다.

"네, 좋아요. 좋아요. 결혼해 드릴게요."

벨이 고개를 들자 눈앞에는 처음 보는 젊은 남자가 따뜻한 눈빛으로 벨을 바라보고 있었습니다. 그 눈빛은 틀림없는 옛날 야수의 눈빛인데, 그런데 눈앞에 있는 남자는 야수가 아니었습니다. 머리를 감싸고 있던 갈기털이나 날카로운 이빨은 없고 깨끗하고 멋지게 생긴 얼굴이었습니다. 남자가 미소를 띠며 벨에게 말했습니다.

"벨, 이제야 당신에게 나의 진짜 모습을 보여주게 되었군요. 결혼해달라는 나의 질문에 당신이 '네'라고 대답만 해주면 나에게 씌워졌던 저주가 풀리는데 이제야 그 대답을 들었소. 무시무시한 야수의 모습 그대로를 사랑해주는 여인이 있어야 내 저주는 풀릴 수 있었다오. 고맙소. 당신이 그 저주를 풀어주었소."

그 젊은 남자는 원래 그 성의 왕자였습니다. 하지만 못된 마녀의 저주를 받아 야수로 변했고, 무시무시한 야수의 모습이 무서워 사람들 모두가 성을 떠나자 왕자는 혼자 남게 되었던 것입니다.

벨과 왕자는 서로의 손을 꼭 잡고 떨어질 줄 몰랐습니다. 두 사람의 눈에는 행복이 가득했습니다.

왕자의 저주가 풀렸다는 소문이 퍼지자 성을 떠났던 하인들과 병사들도 다시 돌아오고, 또 벨은 아버지와 언니들을 성으로 모셔왔습니다. 그리고 그 날, 성에서는 모든 사람들의 축복 속에 세상에서 가장 아름다운 결혼식이 열렸습니다. 바로 야수 왕자와 벨의 결혼식이!

이야기해준 뒤 아이와 함께

등장인물 상상하여 그림 그리기

아이와 함께 이야기 속 야수의 모습을 상상해서 그려보세요. 그림을 그리기 전에 이야기에 나오는 야수의 모습을 상세하게 다시 설명해주세요.

이야기중간 바꿔보기

'만약에 놀이'입니다. 아이에게 '만약 벨이 성으로 돌아가지 않았으면 어떻게 되었을까?'라는 가정에서 아이와 함께 다른 이야기를 만들어보세요. 벨이 약속을 어기고 성으로 안 돌아가자 "야수는 강가에서 그대로 죽고 말았을까?", "화가 난 야수가 벨네 집으로 쳐들어오지 않았을까?" 등등을 물어보면서 아이가 이야기를 펼쳐나가도록 유도해보세요. 정답은 없으니 아이가 어떤 스토리를 만들어도 '잘했다', '대단하다'는 칭찬을 해줍니다.

5

밤에는 사람이 되는

백조왕자

이야기 요약

왕비가 죽자 새 왕비가 들어온다. → 새 왕비는 마녀였는데 엘리자 공주를 쫓아내고 열한 명의 왕자들에게 마법을 걸어 백조로 만든다. → 백조가 된 오빠들의 마법을 푸는 방법을 천사들에게 들은 엘리자는 쐐기풀로 옷을 만들며 절대 말을 하지 않는다. → 숲속 동굴에서 쐐기풀 옷을 만드는 엘리자를 발견한 이웃 나라 젊은 임금님이 성으로 데려간다. → 쐐기풀을 구하기 위해 공동묘지에 간 엘리자를 사람들이 마녀라며 화형시키려 한다. → 쐐기풀 옷을 모두 완성하자 백조들이 모두 왕자의 모습으로 돌아온다.

등장 인물

- 백조 왕자 : 엘리자 공주의 오빠들로 열한 명이다. 새 왕비의 마법에 걸려 낮에는 백조로 살아야 한다.
- 엘리자 공주 : 형제들을 사랑하는 마음씨 착한 공주이다. 백조가 된 오빠들을 다시 사람으로 만들어주기 위해 쐐기풀 옷을 만든다.
- 젊은 임금님 : 쐐기풀 옷을 만드는 엘리자를 사랑하지만 성난 백성들 때문에 엘리자를 지켜주지 못한다.
- 새 왕비 : 원래는 마녀인데 임금님을 속이고 새 왕비가 되어 왕궁에 들어와 공주와 왕자들을 못 살게 군다.
- 임금님 : 자식인 엘리자 공주와 왕자들을 사랑했지만 못된 새 왕비의 말만 듣고 아이들을 쫓아내는 실수를 한다.

이야기 속으로

옛날옛날 아주 먼 옛날, 멀고 먼 남쪽나라에 임금님 가족이 행복하게 살고 있었습니다.

임금님은 사랑하는 왕비와 열한 명의 늠름한 왕자, 그리고 귀여운 엘리자 공주와 함께 살았습니다. 모두모두 서로를 사랑하는 행복한 가족이었습니다.

그러던 어느 날, 몸이 약해 시름시름 앓던 왕비가 그만 죽고 말았습니다. 임금님은 너무너무 슬펐지만 마냥 슬퍼하고만 있을 수는 없었습니다. 자신은 임금님이기 때문에 나랏일도 해야 하는데 열두 명이나 되는 자식들을 돌봐줄 사람이 필요했기 때문입니다. 그래서 왕자들과 엘리자 공주를 위해 새 왕비를 맞이하였습니다.

새 왕비는 예쁘기도 하고 부자였습니다. 그래서 임금님은 새 왕비의 겉모습을 보고 마음씨도 착한 줄 알고 결혼했던 것입니다. 하지만 사실은 임금님의 생각과는 전혀 달랐습니다. 새 왕비는 마음씨가 사납기로 유명한 무시무시한 마녀였던 것입니다.

새 왕비는 임금님이 함께 있을 때는 왕자들과 엘리자 공주에게 잘해주는 것처럼 했지만 임금님만 안 계시면 못살게 굴었습니다. 또 왕자들과 공주가 서로 다정하게 지내는 것도 배가 아팠습니다.

'왕자들과 공주가 사이좋게 지내는 꼴은 더는 못 보겠어. 이것들을 떨어뜨려 놓아야 할 텐데 무슨 좋은 방법이 없을까?'

새 왕비는 궁리 끝에 엘리자에게 말했습니다.

"공주야. 너는 죽은 네 엄마를 닮아서인지 몸이 약한 것 같구나. 그러니 공기 좋은 먼 시골에서 지내도록 해라. 이게 너를 위해 내가 특별히 해주는 거니까 앞으로 열다섯 살이 될 때까지 시골에서 지내도록 해."

공주의 건강을 위해서라고 하니까 임금님도 어쩔 수 없었습니다. 공주를 멀리 보낸 왕비는 이번에는 왕자들을 쫓아낼 궁리를 했습니다.

'왕자들은 한두 명이 아니라 열한 명이나 되는데 어떻게 하면 이것들을 한꺼번에 쫓아낼 수 있을까?'

곰곰이 생각을 하던 새 왕비는 그날부터 매일매일 임금님 앞에서 왕자들 흉을 보기 시작했습니다.

"임금님, 제가 새 왕비라고 왕자들이 저를 무시해요."

"어제 사냥을 나갔던 왕자들이 백성들 음식을 모두 빼앗아 먹는 못된 짓을 했대요."

처음에는 임금님도 새 왕비의 말을 믿지 않았습니다.

"에이 그럴 리가 있겠소. 우리 왕자들이 얼마나 착한 애들인데."

하지만 매일매일 계속되는 새 왕비의 거짓말에 임금님 생각도 조금씩 바뀌기 시작했습니다.

"임금님, 왕자들이 제가 가꾸는 궁전 정원 꽃들을 모두 밟아놓았어요."

"그럴 리가 없는데…. 우리 왕자들이 그럴 리가…. 이상하네."

새 왕비가 계속 거짓말을 하자 차츰차츰 임금님도 왕자들을 의심하더니 드디어 미운 마음이 들기 시작했습니다.

"에잉, 엄마가 죽은 뒤부터 왕자들이 변했어. 매일 말썽만 부리는 꼴도 보기 싫은 녀석들. 어디 안 보이는 곳으로 보냈으면 좋겠어."

임금님이 그 말을 하고 방을 나가자 왕비는 재빨리 마법의 지팡이를 휘둘러 옆방에 있는 왕자들에게 무서운 마법을 걸었습니다.

"너희는 밤에만 사람으로 돌아오는 백조가 되어 산과 들판에서 살아가라."

마법의 지팡이에서 파란 가루 같은 것들이 쏟아져 나와 옆방으로 몰려가 왕자들을 머리 위로 떨어졌습니다. 그러자 늠름하던 왕자들의 팔이 날개로 변하면서 온몸이 하얀 깃털로 뒤덮이기 시작했습니다.

"어? 이게 뭐야? 내 팔이 왜 이러지?"

놀란 왕자들이 자신들의 팔을 보며 소리쳤습니다. 하지만 팔부터 변하기 시작하더니 몸, 다리까지 변하고 드디어 얼굴에도 커다란 부리가 돋아났습니다. 얼굴이 변하기 전 한 왕자가 급히 소리쳤습니다.

"이건 새 왕비가 마법을 거는 거… 끼울, 끼울."

하지만 왕자의 말이 끝나기도 전에 입은 새의 부리로 변했고, 사람의 말 대신 새의 울음소리가 나왔습니다.

순식간에 백조로 변한 왕자들은 새 왕비에게 따지기 위해 소리를 질렀지만 목소리 대신 "끼욱, 끼욱" 하는 백조 소리만 나왔습니다. 궁전 안에서 이상한 소리가 나자 왕궁을 지키는 병사들이 활을 들고 몰려오는 것을 보고 새 왕비가 재빨리 백조들에게 속삭였습니다.

"힛, 빨리 도망쳐야 할 거야. 그렇지 않으면 병사들이 활로 너희들을 쏠 테니까."

왕자들은 어쩔 수 없이 왕궁 밖으로 날아갔습니다. 하지만 어디로 가야 할지 몰라 왕궁 하늘 위를 몇 바퀴나 돌았습니다. 그때 제일 큰 백조왕자가 말했습니다. 사람들은 알아들을 수 없는 백조의 말이었습니다.

"엘리자가 사는 곳으로 가자. 그곳은 시골이니까 우리들도 지낼 수 있을 거야."

열한 마리의 백조는 나란히 줄을 지어 남쪽을 향해 날아갔습니다.

한참을 날아서 사람들이 별로 없는 시골까지 날아온 왕자들은 엘리자를 찾아 여기저기 날아다녔습니다. 그러다가 겨우 엘리자를 발견했는데 왕자들의 마음은 기쁘지 않았습니다. 사랑하는 동생은 다 떨어진 누더기 옷을 걸치고 일을 하고 있었기 때문입니다. 불쌍한 동생을 보고 왕자들은 큰소리로 울었습니다. 하지만 백조가 되어 말도 안 통하는 왕자들이 동생을 위해 해줄 수 있는 일은 아무 것도 없었습니다. 큰 백조왕자가 말했습니다.

"우리가 백조로 변한 걸 엘리자가 보면 아마 놀라서 기절하고 말거야. 또 지금처럼 시골에서 조용히 살면 새 왕비도 엘리자를 더는 괴롭히지 않을 거야. 우리들 때문에 엘리자 마음 아프게 하지 말고 우리 모두 조용히 이곳을 떠나자."

왕자들은 마음이 아팠지만 엘리자를 위해 들판 너머로 멀리멀리 날아갔습니다.

한편, 엘리자는 사랑하는 오빠들이 백조가 된 줄도 모르고 하루빨리 궁궐로 돌아갈 날만 기다렸습니다.

'아, 빨리 열다섯 살이 되어야 궁전으로 돌아갈 수 있을 텐데.'

하루하루 시간이 흘러 어느덧 엘리자는 열다섯 살이 되었습니다. 항상 이웃들을 돕고, 숲에 사는 동물들도 잘 보살펴주는 착한 마음씨 때문인지 엘리자는 예쁘게 자랐습니다. 그리고 열다섯 살이 되는 생일날 왕궁에서 심부름꾼이 와서 말했습니다.

"엘리자 공주님, 공주님께서 열다섯 살이 되셨으니 모셔오라는 임금님의 명령이십니다."

엘리자는 왕궁에서 보내준 새 옷으로 갈아입고 마차에 탔습니다.

엘리자가 왕궁에 도착하자 임금님보다 새 왕비가 먼저 나왔습니다. 엘리자를 본 새 왕비는 눈을 크게 뜨고 놀라는 표정이었습니다.

'시골구석에 보내놓으면 햇볕에 새까맣게 타서 촌뜨기가 될 줄 알았더니 이렇게 예쁘게 자라다니.'

새 왕비는 반갑다는 듯이 엘리자에게 다정스럽게 말했습니다.

"엘리자야, 아버지를 뵙기 전에 예쁘게 단장을 해야지. 네 머리카락이 반짝반짝 윤이 나도록 머릿기름을 발라 줄테니 눈을 감고 돌아앉거라."

새 왕비는 엘리자의 머리에 썩은 기름을 발라 마구 헝클어 놓았습니다. 그리고 엘리자가 거울 볼 시간도 주지 않고 재빨리 임금님께 데리고 갔습니다.

"임금님, 임금님께서 보고 싶어 하시던 엘리자 공주가 돌아왔어요."

"오, 내 딸이 돌아왔다고. 어디 보자."

딸을 반갑게 맞이하려던 임금님은 갑자기 눈살을 찌푸리며 소리쳤습니다.

"엘리자 네가 나를 미워하는구나. 오랜만에 만나는 자리에 일부러 이렇게 지저분한 모습으로 나타난 걸 보니. 에잉, 꼴도 보기 싫다. 당장 물러가거라."

엘리자는 아빠가 왜 그러는지 알 수가 없었습니다. 아빠가 반가워서 꼭 껴안아주려고 했는데 자기를 보자마자 당장 나가라고 하시다니.

그런데 바깥으로 나오자마자 새 왕비가 깔깔거리며 웃더니 병사들에게 명령했습니다.

"여봐라. 엘리자를 왕궁 밖으로 당장 쫓아내거라."

병사들은 착한 엘리자 공주를 내쫓는 일이 내키지 않았지만 새 왕비의 명령을 어기면 무슨 일을 당할지 몰라 엘리자를 성문 바깥으로 끌고 나갔습니다. 새 왕비는 병사들이 명령대로 하는지 확인하기 위해 뒤를 따라오더니 문 앞에서 무서운 얼굴로 엘리자에게 말했습니다.

"두 번 다시 여기에 오려고 생각하지 마라. 만약 다시 돌아온다면 그때는 가만 두지 않겠다."

성문이 꽝 닫히자 어떻게 해볼 수가 없던 엘리자는 터벅터벅 길을 떠났습니다. 한참을 가다가 호숫가에 이르렀는데 엘리자는 물에 비친 자신의 모습을 보고 깜짝 놀랐습니다.

"내 머리와 얼굴이 왜 이렇게 지저분한 거지? 아, 못된 새엄마가 나를 내쫓으려고 일부러 더럽게 해놓았던 거구나."

머리카락은 온통 썩은 기름으로 범벅되어 있고, 얼굴에는 검댕이가 칠해져 두 번 다시 쳐다보고 싶지 않을 정도로 지저분했습니다. 아빠가 자신을 보고 놀란 것도 이상한 일이 아니었습니다. 엘리자가 맑은 물로 얼굴을 씻자 다시 예전의 예쁜 얼굴이 되었습니다.

왕궁에서 쫓겨난 엘리자는 이제 갈 곳이 없었습니다. 마차가 없으니 이전에 살던 시골은 너무 멀어 갈 수가 없었습니다. 엘리자는 무작정 길을 따라 걸어갔습니다. 한참을 가자 숲이 나왔고, 엘리자는 그 숲에서 과일을 따 먹고 밤에는 나뭇잎을 덮고 잠을 잤습니다. 숲에서 사는 건 별로 힘들지는 않았는데 오빠들은 꼭 보고 싶었습니다. 그리고 엘리자는 궁금한 점이 있었습니다.

'왕궁에 갔을 때 왜 오빠들이 한 명도 안 보였지? 내가 왔다고 하면 오빠들이 가장 먼저 달려 나왔을 텐데. 혹시 무슨 일이 생긴 건 아닐까?'

하루하루 오빠들을 걱정하며 지내던 어느 날 해질 무렵, 엘리자는 숲에서 산딸기를 따고 있는 할머니를 만났습니다. 이 숲에 온 뒤로 처음 보는 사람이었습니다. 엘리자는 반가운 마음에 이것저것 물어보는데 할머니는 모르는 것이 없는 듯했습니다. 그래서 혹시나 하는 마음에 오빠들 소식도 물어보았습니다.

"할머니, 우리 오빠들 소식도 아세요? 열한 명의 왕자들인데."

"그럼 알지, 알고말고, 하지만 네가 놀랄까봐 말해줄 수가 없구나."

"아니에요. 안 놀랄게요."

할머니는 잠깐 엘리자를 쳐다보고 있더니 말했습니다.

"저쪽으로 가면 강이 나온단다. 그 강에서 왕관을 쓴 열한 마리 백조들이 물놀이를 하고 있을 거야."

"백조가 아니라 우리 오빠들 소식을 물어봤는데요."

"해가 지기 전에 가봐야 할 거다."

할머니는 엘리자의 물음에 엉뚱한 대답을 하더니 살짝 미소를 지으며 고개를 끄덕였습니다. 이상한 생각이 든 엘리자는 할머니가 가르쳐준 강으로 가 보았습니다. 엘리자가 강에 도착했을 때는 이미 해가 서쪽

산 뒤로 넘어가고 있었는데, 마침 멀리 강가로 백조들이 날아 내려오고 있었습니다. 그 순간 해가 산 너머로 완전히 넘어가자 신기하게도 백조들의 깃털이 사라지면서 사람으로 변했습니다.

"아, 오빠들이다. 오빠! 오빠!"

엘리자는 오빠들을 부르며 뛰어갔습니다. 생각지도 못한 동생의 목소리가 들리자 열한 명의 왕자들은 놀라서 쳐다보았습니다. 그곳에는 사랑하는 막내 동생 엘리자가 눈물을 흘리며 뛰어오고 있었습니다.

"엘리자? 엘리자가 여기에 어떻게?"

왕자들은 너나없이 뛰어와 엘리자를 얼싸안았습니다. 얼싸안은 채 기쁨을 나눈 왕자들은 그 동안 있었던 모든 일을 엘리자에게 말해주었습니다.

"우리들은 해가 뜨면 다시 백조가 되는데 백조가 된 뒤에는 한곳에 오래 머물러 있어서는 안 된단다. 그렇게 떠돌아다니다가 해가 지면 마법이 풀려 다시 사람이 되는데, 슬픈 일이지만 내일이면 다시 너와 헤어져야 한단다. 우리는 이곳을 떠나 바다 건너 먼 나라로 가야 하거든."

큰오빠 말에 엘리자는 오빠 손을 잡으며 말했습니다.

"오빠, 나도 같이 갈래요. 여기서 혼자서는 너무 외로워요, 제발 나도 데려가 줘요."

"하지만 너에게는 날개가 없는데 어떻게 바다를 건너 갈 수…."

말을 하던 큰오빠는 가만히 생각을 하더니 빙긋이 웃었습니다.

"옳지, 좋은 방법이 있다. 이렇게 해보자."

오빠들은 밤새 잠도 안 자고 버드나무 껍질을 벗겨 커다란 그물을 만들었습니다. 그런 뒤 그물 양쪽을 묶어 그물 바구니를 만든 뒤 바구니 위쪽에다 기다란 줄 열한 개를 달았습니다. 새벽이 되어서야 작업이 끝났는데 완성된 그물 바구니는 한 명이 들어갈 만한 크기였습니다.

동쪽에서 해가 뜨기 시작하자 방금 전까지 사람이었던 왕자들은 팔이 날개 모습으로 바뀌더니 온몸이 하얀 깃털로 뒤덮인 백조로 변했습니다. 그리고 엘리자가 그물바구니에 들어가 앉자 열한 명의 백조 왕자들은 바구니에 매달린 열한 개의 줄을 하나씩 입에 물고 날개짓을 하며 힘차게 날아올랐습니다.

왕자들은 그물바구니를 물고 바다 위를 날아가다가 힘들면 무인도에 내려앉아 쉬었습니다. 그때마다 엘리자는 힘들어하는 오빠들을 위해 물을 떠오고 날개를 주물러주었습니다. 그렇게 하루종일 날아 바다를 건너 먼 나라에 도착하자 왕자들은 미리 봐두었던 숲속의 아늑한 동굴에 엘리자를 내려놓았습니다. 해가 지자 다시 사람 모습으로 돌아온 왕자들은 푹신한 지푸라기로 엘리자의 잠자리를 만들어주었습니다.

"엘리자, 이제부터 여기서 지내거라. 이 숲에는 사람들이 별로 오지 않으니까 편하게 지낼 수 있을 거다."

그 뒤로 오빠들은 해가 뜨면 날아갔다가 밤이 되면 먹을 것을 가지고 돌아왔습니다. 엘리자는 혼자 지내는 낮 동안 오빠들을 위해 매일 기도했습니다.

"신이시여, 우리 착한 오빠들이 마법에서 풀려날 수 있게 해주세요."

그렇게 간절히 기도하던 어느 날, 엘리자가 잠깐 조는데 꿈에 하늘나라 천사들이 나타났습니다.

"너의 기도가 하늘까지 들려 우리들이 왔노라. 네 오빠들에게 씌운 마법을 풀기 위해서는 쐐기풀로 옷을 만들어 입혀야 한다. 단, 옷 열한 벌을 만드는 동안 너는 말을 해서는 안 된다. 만약 한마디라도 하면 네 오빠들은 두 번 다시 사람이 될 수 없다."

깜짝 놀라 잠에서 깬 엘리자는 더 생각할 겨를도 없이 허겁지겁 밖으로 나가 쐐기풀을 뜯기 시작했습니다.

"아야, 아야 따가워."

쐐기풀은 가시가 많아 쉽게 뜯을 수 없습니다. 하지만 오빠들이 다시 사람으로 될 수만 있다면 이런 아픔쯤은 참을 수 있었습니다. 쐐기풀을 뜯을 때 가시에 찔린 손가락에서는 피가 흘렀지만 엘리자는 쐐기풀 옷을 만들어나갔습니다.

그날부터 엘리자는 아무 말도 하지 않았고, 밤에 오빠들이 사람으로 변해도 절대 말을 하지 않았습니다. 오빠들도 처음에는 그 이유를 몰랐지만 엘리자가 아무 말도 안 하고 매일 쐐기풀로 옷을 만드는 걸 보고 짐작했습니다.

"아마 우리를 위해 무언가를 하는 모양이다. 하지만 고운 손이 매일 가시에 찔려 저렇게 피가 나니 마음이 아프다."

막내 오빠가 엘리자의 손을 잡고 눈물을 흘리자 엘리자는 고개를 저으며 미소를 지었습니다.

'오빠 저는 괜찮아요. 제가 빨리 쐐기풀 옷을 만들어 오빠들을 마법에서 풀리게 해드릴 테니 조금만 기다리세요.'

엘리자는 말은 못하지만 마음속으로 힘차게 말했습니다.

엘리자가 밤낮을 쉬지 않고 쐐기풀 옷을 만들던 어느 날 오후, 사냥을 나왔던 그 나라 임금님이 우연히 동굴을 발견하였습니다.

"여기에 이런 동굴이 다 있었네. 안에 혹시 사슴이라도 있을지 모르니 한 번 들어가 봐야겠군."

활을 들고 동굴 안으로 들어온 임금님은 깜짝 놀랐습니다. 동굴 안에는 아름다운 아가씨 혼자 열심히 옷을 만들고 있었기 때문입니다. 그런데 부드러운 천이 아니라 가시가 잔뜩 난 쐐기풀로 만들고 있어 손에는 핏물이 흐르고 있었습니다.

"아가씨는 누구요? 이렇게 아름다운 분이 무슨 이유로 혼자 쐐기풀 옷을 만들고 있는 것이요?"

임금님의 질문에 엘리자는 아무런 대답도 할 수 없었습니다. 말을 한 마디라도 하면 오빠들은 영영 사람으로 되돌아올 수 없기 때문입니다. 엘리자가 아무 말이 없자 임금님은 불쌍한 생각이 들었습니다.

"나와 함께 내 궁전으로 갑시다. 여기서 이렇게 고생을 하고 있어서야 되겠소."

엘리자가 안된다며 고개를 저었지만 임금님은 불쌍한 아가씨를 깊은 숲속 동굴에 혼자 놔둘 수가 없었습니다. 임금님은 신하들에게 엘리자를 궁전으로 옮기게 했는데 엘리자는 마차를 타고 가는 동안에도 옷 만들기를 멈추지 않았습니다.

엘리자를 성으로 데려온 왕은 맛있는 음식과 좋은 옷, 편안한 잠자리를 만들어주었습니다. 하지만 엘리자는 그런 것들은 쳐다보지도 않고 오직 쐐기풀 옷만 만들어나갔습니다. 말없이 옷을 만드는 모습이 예뻐

보였는지 임금님은 차츰 엘리자를 사랑하게 되었고, 어느 날 신하들에게 말했습니다.

“나도 이제 결혼할 나이가 되었으니 나는 저 아가씨와 결혼하고 싶소. 그대들 생각은 어떻소?”

그러자 신하들이 모두 반대하고 나섰습니다.

“임금님 안 됩니다. 그 동안 저희가 지켜보니 저 여자는 밤이고 낮이고 매일 쐐기풀로 옷만 만들고 있습니다. 부드러운 천도 아니고 가시가 많은 쐐기풀로 만든 옷을 누가 입겠습니까. 아마도 마녀나 입을 겁니다. 그러니 저 여자는 마녀가 틀림없습니다.”

신하들이 반대했지만 임금님은 그 말을 믿지 않았습니다. 왜 쐐기풀 옷을 만들고 있는지는 모르지만 그 아가씨는 착해보였기 때문입니다. 임금님은 신하들 말을 듣지 않고 명령했습니다.

“분명 무슨 이유가 있을 것이다. 그러니 쐐기풀을 더 가져다주어라.”

엘리자는 자신을 이해해주는 임금님이 고마웠습니다. 임금님이 쐐기풀을 구해주었기 때문에 엘리자는 풀을 구하러 갈 시간에 옷을 한 벌이라도 더 만들 수 있었습니다.

한 벌, 두 벌, 세 벌…. 이제 열 번째 옷까지 완성했는데 그만 쐐기풀이 다 떨어졌습니다. 한밤중이라 쐐기풀을 뜯으러가기가 무서웠지만 하루라도 빨리 만들고 싶었던 엘리자는 궁전을 나와 공동묘지로 갔습니다. 쐐기풀은 공동묘지처럼 사람들이 없는 곳에 많기 때문입니다. 그런데 그런 엘리자의 뒤를 몰래 따라가는 사람들이 있었습니다. 바로 신하들이었습니다. 신하들은 엘리자가 공동묘지로 가는 걸 보고 재빨리 임금님에게 알렸습니다.

"저 여자는 마녀가 틀림없습니다. 한밤중에 몰래 공동묘지로 가는 것이 그 증거입니다. 우리나라에 나쁜 마법을 걸기 전에 당장 감옥에 가두어야 합니다."

증거가 있으니 이번에는 임금님도 어쩔 수가 없어 신하들이 엘리자를 감옥에 가두는 걸 말릴 수가 없었습니다. 하지만 엘리자는 감옥에 갇혀서도 쉬지 않고 옷을 만들었습니다. 그때 수많은 백성들이 감옥으로 몰려와 외쳤습니다.

"마녀를 화형 시켜라!"

엘리자가 마녀라는 소문을 듣고 몰려온 사람들이었습니다. 그들은 마녀가 자기들에게 못된 마법을 사용할 거라며 겁을 내고 있었습니다. 그들은 마녀를 없애기 위해서는 무슨 일이라도 할 태세였고, 임금님이 말린다면 임금님도 용서하지 않을 작정이었습니다. 사람들의 숫자가 점점 많아지자 임금님도 더는 어쩔 수가 없었습니다.

"그대들 마음대로 하시오."

임금님의 말을 들은 신하들은 엘리자를 감옥에서 끌어내 마차에 태워 화형장으로 데려갔습니다. 화형장으로 가는 동안에도 계속 옷을 만들던 엘리자는 너무너무 무서웠지만 속으로 말했습니다.

'이제 한 벌만, 이것만 완성시키면 돼.'

화형장 앞에 이르렀을 때였습니다. 한 여자가 엘리자에게 달려들며 외쳤습니다.

"저 마녀에게서 쐐기풀 옷을 빼앗아라."

그때였습니다. 하늘에서 날카로운 새 울음소리가 들리더니 열한 마리 백조가 날아왔습니다. 백조들은 화형장 하늘 위를 한 바퀴 돈 뒤 곧바로 엘리자 주위를 에워쌌습니다. 그리고 날갯짓을 하며 사람들을 밀어냈습니다. 그 순간, 드디어 옷을 다 완성한 엘리자가 옷을 하나씩 백조들에게 던지자 옷들은 마치 살아 있는 것처럼 날아가 저절로 백조들에게 입혀졌습니다. 그러자 백조들이 몸에서 눈을 뜰 수 없을 정도로 환한 빛이 가득 퍼져 나왔다가 서서히 사위어들었습니다.

"이게 무슨 일이야? 백조들은 어디 갔어?"

사람들이 놀란 것은 당연했습니다. 방금까지 눈앞에 있던 백조들은 온데간데없고 대신 늠름한 왕자 열한 명이 엘리자를 에워싸고 있었기 때문입니다.

"여러분, 제 동생 엘리자는 마녀가 아닙니다."

큰오빠 왕자가 지금까지 있었던 일들은 사람들에게 말해 주었습니다. 그리고 그 소식은 곧바로 임금님에게 전해졌고, 임금님은 말을 타고 뛰어왔습니다.

"미안하오. 내가 끝까지 믿어주지 못해서 이런 일을 겪게 만들었소. 정말 미안하오."

임금님의 사과에 엘리자는 처음으로 말을 했습니다.

"저를 보호해주시려 애써주신 임금님의 은혜는 항상 고마워하고 있어요."

하프 음악처럼 고운 엘리자의 목소리에 임금님과 신화들은 마음이 포근해지는 걸 느꼈습니다.

시간이 지난 뒤 임금님과 엘리자 공주는 온 나라 백성의 축복을 받으며 결혼식을 올렸습니다. 그리고 모든 백성들은 엘리자 공주의 용기와 오빠들에 대한 사랑 이야기를 아이들에게 두고두고 전해주었답니다.

이야기해준 뒤 아이와 함께

뒷이야기 이어가기

"엘리자는 온 백성들의 축복을 받으며 임금님과 결혼했는데 그 뒤에 어떻게 살았을까? 또 사람의 모습으로 돌아온 열두 왕자들은 어떻게 되었을까요? 혹시 자기들의 왕궁으로 돌아가 나쁜 새 왕비를 내쫓고 새로운 나라를 만들지 않았을까?" 등등을 아이에게 물어봐서 뒷이야기를 함께 만들어 갑니다.

주인공에게 편지 쓰기

엘리자나 열두 왕자에게 하고 싶은 말이나 궁금한 점을 아이와 함께 편지로 써봅니다. 아이가 글자를 알면 종이를 주고 직접 써보도록 하고, 글자를 모르면 말로 하게 한 뒤 엄마(아빠)가 받아써서 함께 읽어봅니다.

부록

내 아이에게 이야기 재미있게 해주는 방법

현재 30대 후반 이상의 부모세대라면 옛날 눈 오는 겨울밤 할아버지, 할머니가 아랫목에서 들려주시던 옛날이야기 추억을 가진 분들이 꽤 있을 거예요. 어릴 때 들었던 이야기의 내용은 잊었을 수 있지만, 그 이야기를 듣던 분위기는 아마 평생 가슴 저린 따뜻함으로 남아 있을 겁니다.

그때의 추억 덕분에 무섭기만 한 줄 알았던 호랑이는 효자 아들을 위해 사냥을 해주는 친근한 동물로 기억되고, 여우는 꼬리 아홉 개로 사람이 되고 싶어 한다는 것도 알았습니다. 그런데 그때의 추억을 떠올리다 보면 문득 한 가지 궁금한 점이 생깁니다. 우리 할아버지와 할머니는 초등학교 교육도 제대로 받지 못했고, 또 누구에게 이야기하는 방법을 따로 배운 것도 아니거든요. 그런데도 어쩌면 그렇게 옛날이야기를 맛깔나게 하셨을까요?

막상 내가 지금 내 아이에게 이야기를 해주려다보니 나도 그분들처럼 이야기를 재미있게 할 수 있을까 하는 불안감이 폭풍우처럼 몰려들

겁니다. 어떤 분은 '나는 이야기를 해줘 본 적이 없어서' 라며 지레 포기하고 싶기도 할 겁니다.

맞습니다. 그런 생각이 드는 건 당연합니다. 우리가 매일 사용하는 '말'이라는 것은 모든 사람이 할 수 있지만 '이야기'를 재미있고 맛깔나게 하는 사람은 많지 않습니다. 똑같은 이야기라도 진짜 재미없게 하는 사람도 많습니다. 똑같은 유머라도 어떤 사람이 하면 '아저씨 개그'가 되어 분위기를 썰렁하게 바꾸기도 합니다. 쉽게 이해가 안 되겠지만 동화작가 중에서도 이야기를 글로 쓰면 정말정말 최고로 재미있게 쓰는데, 말로 하면 재미하고는 담 쌓은 사람도 꽤 많습니다.

그렇다면 왜 그런 일이 생길까요? 그건 선천적으로 이야기꾼 재질을 타고 나는 사람들이 있기 때문입니다. 또 다른 이유 한 가지는, 그 사람이 전문적으로 이야기꾼 공부와 연습을 아주 열심히 하였기 때문일 수도 있습니다.

그렇다고 미리부터 겁낼 건 없습니다. 여러분이 무슨 전문 이야기꾼이 되려는 건 아니잖습니까. 그냥 내 아이가 내 이야기를 들을 때 초롱초롱한 눈빛으로 가끔 까르르르 웃어주는 정도면 충분하니까요.

사람은 기본적인 신체구조가 말을 할 수 있도록 되어 있습니다. 또 사람이라면 본능적으로 이야기를 좋아합니다. 그것도 대부분은 보통 좋아하는 게 아니라 아주아주 많이 좋아합니다. 그래서 보통 사람이 전문적인 이야기꾼처럼 아주 잘 하는 건 어려워도 옛날이야기를 맛깔나게 해주시던 우리 할아버지 할머니들 수준 정도는 누구든지 될 수 있답니다. 물론 약간의 시간을 내고 약간의 노력은 해야겠지요. 그렇게만 해주면 누구나 가능하니까 지금부터 알려주는 방법들을 조금씩만 연습해보도록 합시다. 그리고 아주 간단한 팁 한 가지를 미리 알려주자면, 재미있는 이야기꾼이 되는 방법은 누가 뭐라 해도 이야기를 자주, 많이, 소리 내어 해보는 겁니다.

여러분이 조금만 노력을 해준다면, 지금 여러분의 마음속에 어린 시절 고향집을 그리워하게 해주는 할아버지, 할머니의 겨울밤 추억이 있듯이, 내 아이에게도 평생 가슴에 품고 살 부모에 대한 추억을 만들어줄 수 있답니다.

1. 엄마, 아빠가 아이에게 이야기를 많이 해주어야 하는 이유

여러분 그거 아세요. 인류 역사에서 가장 뛰어난 천재가 누구인지 얼마 전 영국 신문에서 발표했는데 바로 괴테라고 했답니다. 아시다시피 독일의 괴테는 철학자, 정치가, 극작가, 시인, 소설가에다 과학 책도 여러 권 썼습니다. 그런데 그 괴테는 자신이 그렇게 똑똑하게 된 이유를 '매일 밤 이야기를 들려주신 어머니 덕분'이라고 했답니다. 천재 괴테를 만든 게 꼭 이야기꾼 어머니만은 아니겠지만 그래도 괴테에게 아주 많은 영향을 끼친 건 맞을 겁니다.

이처럼 뇌세포가 한창 발달하는 아이 때에는 동화든 옛이야기든 어쨌든 이야기는 많이 해주는 것이 좋습니다. 생각지도 못했던 효과가 있기 때문입니다. 여기서 알려주는 이유 외에도 아주 많지만 가장 뚜렷하고 확실한 이유를 몇 가지로 나누면 다음과 같습니다.

① 이야기를 해주고 이야기를 듣는 과정에서 함께 웃고 함께 슬퍼하며 부모와 아이가 정서적으로 가까워집니다. 또 이야기를 듣는 사람은 이야기를 해주는 사람이 가진 가치관을 무의식적으로 수용하게 되는데, 가치관이 비슷한 사람끼리는 심리적으로 서로를 편안하게 느낍니다.

② 어릴 때 들은 이야기들은 아이의 평생 가치관을 만듭니다. 이 말은 도덕적이고 정의로운 아이로 자라게 해준다는 의미도 포함됩니다. 전문 이야기꾼이 아닌 일반 부모까지 알 정도의, 또 많은 사람들에게 회자되는 옛이야기나 명작동화는 이미 문학적, 도덕적으로 검증된 작품들입니다. 그 이야기 속에는 인류가 경험한 삶의 이치와 진실, 지혜가 녹아 있습니다. 그 자양분을 주입식 공부가 아닌 스토리라는 재미있는 장치를 통해 아이에게 공급할 수 있습니다. 이런 이유로 세계명작, 옛날이야기 등을 많이 듣고 자란 아이들은 자신도 모르게 인류가 공통적으로 가진 올바른 윤리적 가치관이 형성되어 범죄 등 반사회적인 성향과는 멀어지게 됩니다.

③ 창조적 IQ를 키워주는 가장 좋은 방법은 스토리가 있는 이야기를 많이 접하는 것입니다. 앞으로 우리 아이들이 살아갈 시대에서 가장 필요한 것은 '공부로 외운 지식'이 아닌 '엉뚱한 상상력'이 될 것입니다. 그 상상력을 키워주는 가장 좋은 방법이 바로 '이야기'입니다. 흔히 정신과 의사들이 치매 예방을 위해 노인들에게 TV시청을 줄이고 라디오를 많이

들으라는 조언을 합니다. 그 이유는 TV는 눈앞에 영상이 보이기 때문에 상상이 필요 없는 반면, 라디오는 방송 내용을 이해하기 위해서는 자신도 모르게 끊임없이 상상을 해야 되기 때문입니다. 이야기 듣기가 바로 그와 똑같은 효과를 냅니다.

④ 아이의 언어 구사 능력이 저절로 키워집니다. 즉 표현력, 발표력뿐만 아니라 말하기, 읽기, 쓰기 등이 저절로 향상됩니다. 아이들은 주변 환경, 그리고 자신과 가까운 어른들의 행동을 모방하면서 사회 구성원으로 커갑니다. 부모가 언어를 이용해 이야기해주는 모습은 아이에게 말하는 방법, 표현하는 방법 등을 자연스럽게 터득할 수 있게 해줍니다.

⑤ 모든 명작동화, 옛이야기는 혼자가 아닌 '관계'에서 출발합니다. 가족과의 관계, 친구와의 관계, 이웃과의 관계, 동물과의 관계 등등. 그런 공동체 관계에 대해 보고 들으며 자란 아이는 공동체 생활에 대해 저절로 알게 됩니다.

⑥ 책을 좋아하는 아이로 만들어 줍니다. 부모가 이야기에 대한 재미를 느끼게 해주면 아이 스스로 이야기를 찾게 되고, 결국 누가 시키지 않아도 스스로 책을 찾아서 보게 됩니다.

⑦ 아이에게 고난을 극복하는 힘을 길러줍니다. 동화나 옛이야기는 등장인물이 고난을 극복한 뒤 행복하게 된다는 구조가 대부분입니다. 즉 현재의 어려움을 이겨내는 용기와 희망을 심어줍니다.

⑧ 이기적이고 차가운 정서가 아닌 말랑말랑하고 부드러운 감성을 갖게 해줍니다. 동화나 옛이야기 자체가 수학적인 딱딱함과는 거리가 멀기 때문입니다. 즉 이야기를 많이 접할수록 정서적으로 순화되며 미지의 세계를 꿈꾸게 되고 남과 나를 바꿔 생각할 줄 아는 역지사지의 힘을 키워줍니다.

⑨ 사람은 경험을 통해 배웁니다. 하지만 사람이 짧은 인생을 사는 동안 수많은 경험을 모두 직접해볼 수는 없습니다. 그런데 소설, 동화 등 문학작품을 통해 수많은 간접경험을 할 수 있습니다. 지구상의 동물 중에서 유일하게 간접경험을 자신의 경험으로 받아들일 수 있는 동물이 인간입니다. 즉 다른 사람이 평생을 걸쳐 경험한 지혜를 문학작품을 통해 몇 시간 만에 함께 할 수 있습니다.

⑩ 아이를 부모가 원하는 길로 유도할 수 있습니다. 아이가 잘못할 경우 잔소리를 백 번 하는 것보다 그 일과 관련된 옛이야기, 동화 한 편을 들려주는 방법이 훨씬 효과적입니다. 예를 들어 동생과 싸우는 아이에게 '동생 때리지 마라'고 아무리 잔소리를 해도 쉽게 고쳐지지 않습니다. 하지만 〈의좋은 형제〉라는 옛날이야기를 들려주면 바로 다음날부터 아이의 행동이 달라지기도 합니다. 이런 현상이 생기는 이유는 이야기 속의 등장인물과 자신을 동일시해서 느끼는 '간접경험'을 하기 때문입니다.

2. 내 아이에게 이야기를 해 주기 전에 준비해야 할 것들

(1) 내 아이에게 해줄 이야기 고르는 방법

부모가 직접 이야기해줄 이야기책을 고를 때는 보통 유명한 고전이나 우리 옛이야기를 고르면 무난합니다. 지금까지 전해지는 이야기라면 이미 검증된 작품들이기 때문입니다. 이때 몇 가지 고려할 사항이 있습니다.

① 현대 창작동화도 좋지만 그보다는 유명 고전, 옛이야기가 낫습니다. 왜냐하면 현대의 창작동화는 '읽는용'으로 더 최적화되어 있기 때문입니다. 이에 비해 동서양의 옛이야기는 구성 자체가 입말로 하기 편하게 되어 있습니다. 옛이야기들은 원래 모두 입에서 입으로 전해지던 것들을 책으로 묶었기 때문입니다.

② 내용이 즐겁고 밝은 것을 선택합니다.

옛날부터 전해오는 고전, 옛이야기는 대부분 즐거운 내용을 담고 있습니다. 하지만 현대 창작동화 중에는 현실을 반영한다고 사회의 어두운 면을 다루는 작품도 많습니다. 그런 작품들은 문체도 어둡고 우울합니다. 그런데 아이들에게 어두운 이야기는 별로 권하고 싶지 않습니다. 아이의 감성은 바싹 마른 스펀지와 같아서 보고 들은 모든 것을 비판 없이 흡수하기 때문입니다. 어두운 이야기는 스스로 비판의식이 생성되는 청소년기 이상이 되었을 때 접하는 것이 좋습니다.

③ 스토리가 단순한 구성으로 되어 있는 이야기를 선택합니다. 그래야 아이들에게 이야기해주기 쉽고, 아이들도 더 재미있어 합니다. 다행히 대부분의 고전과 옛이야기는 단순 구성으로 되어 있습니다.

④ 권선징악의 내용을 담고 있는 이야기를 고릅니다. 될 수 있으면 교훈을 전면에 내세운 이야기는 피하는 것이 좋습니다. 아이들이 아무 것도 모르는 것 같아도 이야기용인지 잔소리용인지는 금방 압니다.

⑤ 특정 종교, 윤리, 교육에 치우치지 않고 사회 보편적인 가치관을 담고 있는 이야기를 선택합니다. 이 내용은 아주 중요합니다. 부모가 어떤 특정 종교를 가졌다 해서 그쪽 이야기만 자주 접하게 하면 아이의 가치관이 한쪽으로 치우칠 염려도 있지만, 더 큰 문제는 아이가 어느 순간부터 또래 세계에서 따돌림을 당할 수 있기 때문입니다.

(2) 이야기해줄 분량을 미리 정하기

'분량'이란 이야기해주는 시간을 말합니다. 내 아이의 나이나 환경에 따라 분량은 달라지기에 몇 분, 몇 시간이라고 일괄적으로 말할 수는 없습니다. 하지만 분량에서 한 가지 원칙은 내 아이의 나이가 어릴수록 시간은 짧아져야 한다는 점입니다. 그렇다고 나이가 많다고 하여 이야기 시간이 길어지면 지루해질 수 있습니다. 또 요즘 아이들은 학원이다 과외다 해서 이야기를 길게 해줄 수도 없습니다. 그러므로 기본은 대략, 7살 이전은 5분 이내, 초등 1~3학년은 5~10분, 4~6학년은 10분 정도가 적당합니다. 물론 이 분량은 아이들 상황에 따라 얼마든지 변할 수 있습니다.

그런데 세계 명작처럼 분량이 다소 많은 경우엔 어떻게 할까요? 길다고 시간에 맞추기 위해 축약해야 할까요? 아닙니다. 축약하려면 준비하는 부모도 힘들고, 이야기 자체도 재미없어질 확률이 커집니다. 이럴 때는 간단하게 1부, 2부, 3부 등으로 나누어 오늘 10분, 내일 10분 방식으로 하면 됩니다.

이렇게 이야기를 나눌 때는 TV 연속극 방법을 참고하면 도움이 됩니다. 즉 연속극은 끝날 때쯤 시청자들이 궁금해 할 내용을 일부러 만듭니다. 예를 들어 주인공과 악당이 싸우는데 악당이 주먹으로 때리는 순간 화면이 멈추면서 끝나는 식입니다. 시청자는 주인공이 어떻게 될까 궁금해 다음날 또 보게 됩니다. 이야기를 나눌 때도 끝날 때 이런 극적인 부분에서 끝을 맺어 그 뒷이야기가 궁금하도록 유도합니다. 그런 뒤 다음날 이야기를 시작할 때 "어제 어디까지 이야기했더라?" 혹은 "어제 주인공이 어떻게 되었었니?" 하는 식으로 아이에게 어제 내용을 상기시켜 아이 기억 속에 스토리가 자연스럽게 이어지도록 해줍니다.

(3) 평소에 이야기책 소리 내어 읽는 연습하기

이야기책을 소리 내어 읽으면 기억도 쉽게 되고 발음에도 도움이 됩니다. 또 자신만의 목소리 톤과 빠르기 등 목소리의 개성을 만들어낼 수 있습니다. 이 연습을 할 때 알아둘 일은 대부분의 동화나 옛이야기가 책에 쓰여 있을 경우 그 책은 글말, 즉 문어체로 되어 있는데 이것을 입말, 즉 구어체 형식으로 바꾸는 연습을 해야 합니다. 물론 요즘 나오는 책 중에는 아예 구어체로 되어 있는 것도 있으니까 입말이 잘 안 되는 분은 그런 책을 소리 내어 읽는 연습을 하면 됩니다. 이야기책을 읽을 때는 '그러므로~', '~습니다', '~했어요', '~하렴' 등등의 문어체를 자신만의 입말로 바꾸어야 자신의 개성을 살릴 수 있습니다. 사투리 등은 오히려 자신만의 개성을 살릴 수 있는 장점이 되기도 합니다.

소리 내어 읽을 때 주의할 점은, 어릴 때 수업시간에 국어책 읽듯이 하지 말고 누구에겐가 이야기를 해준다는 가정을 하고 읽으면 구연 연습에 많은 도움이 됩니다.

(4) 혼자 이야기하는 연습하기

이야기 줄거리를 소리 내어 읽어 기억 한 후에는 혼자 이야기하는 연습을 하면 좋습니다. 혼자 말하기가 조금 쑥스럽기도 하고, 또 일 때문에 시간을 낼 수 없는 경우 점심시간, 걷거나 교통수단으로 이동할 때 혼자 이야기하는 연습을 하면 됩니다.

또 틈틈이 거울을 보면서 표정 연습, 몸짓 연습을 하며 이야기를 해봅니다. 자기가 만드는 표정이라도 자신이 생각하는 표정과 남들이 보는 자기 표정의 전달되는 의미가 다르게 느껴질 수 있기 때문입니다. 예를 들어 나는 분명히 감탄하는 표정을 지었는데 다른 사람에게는 놀라는 표정으로 보일 수도 있습니다. 특히 이야기꾼에게 이 점은 매우 중요하고, 더군다나 아이들은 예민하기 때문에 매우 민감하게 반응할 수 있습니다.

(5) 자신이 하는 이야기를 녹음해 듣기

위의 '이야기하는 연습'을 할 때 녹음을 해서 들으면 됩니다. 요즘은 스마트폰에 녹음기능이 있기 때문에 언제 어디서든 할 수 있습니다.

누구나 느끼겠지만 자신의 목소리를 녹음해서 들어보면 평소 듣던 자기 목소리와 약간 다르다는 걸 알 수 있습니다. 자신이 듣는 자기 목소리는 목 안에서 직접 고막을 울리는 음도 있어서 다른 사람이 듣는 목소리와는 약간 다른 것입니다. 즉 녹음으로 듣는 목소리가 다른 사람이 듣는 진짜 내 목소리입니다.

녹음해서 들어보면 자신도 몰랐던 자기 목소리의 장단점을 파악해볼 수 있습니다. 음의 높낮이, 발음, 몰랐던 말 습관 등을 알 수 있으므로 장단점을 보완하는데 많은 도움이 됩니다. 물론 이야기꾼으로서 뿐만 아니라 사회생활에도 큰 도움이 됩니다.

(6) 부모 스스로도 이야기를 좋아하려고 노력하기

부모가 좋아하지 않으면서 아이에게 좋아하라고 할 수는 없습니다. 또 부모가 싫어하는 일은 아무리 감추려고 해도 겉으로 드러나게 되어 있습니다. 더구나 아이의 감각은 어른들이 생각하는 이상으로 예민합니다. 왜냐하면 자연계에서 아이들은 보호자의 도움 없이는 살아남을 수 없는 약자입니다. 그러다보니 아이들의 모든 감각은 생존과 직결되어 예민할 수밖에 없습니다. 특히 보호자의 속마음을 빨리 알아차려야 안전을 담보할 수 있기 때문에 어른들의 속마음을 눈치 채는 데는 아이들을 따라갈 수 없습니다. 그런데 이야기 구연에서 이런 점은 단점이 아니라 아주 큰 장점이 됩니다. 즉 아이들은 어른들이 좋아하는 것을 더 하려고 하는 본능이 있기 때문입니다. 부모가 이야기를 좋아한다는 느낌을 감지하면 아이들도 덩달아 이야기를 좋아하게 됩니다.

(7) 놀이하는 마음가짐으로

과유불급, 넘치면 모자람만 못하다는 말입니다. 엄마, 아빠가 이야기를 잘 하겠다는 부담을 가지면 실수가 많아지고 결국 자신감이 떨어집니다. 그러니 잘 하겠다는 생각은 아예 처음부터 안 하는 게 좋습니다. '잘 하겠다', '실수하지 않겠다'가 아니라 '실수하면 어떻고 이야기를 잘 못하면 어떤가, 그냥 내 아이와 재미있게 놀면 되는 거지' 라는 생각으로 시작해야 합니다. 아이가 재미없다는 표정을 보이면 "재미없어?" 라고 물어보면 되고, "네, 재미 한 개도 없어요" 라고 하면 다른 이야기를 해주거나 아이가 좋아하는 다른 놀이를 하면 됩니다. 그러면 오히려 아이들이 더 좋아합니다.

자주 이렇게 하다보면 어느 순간 자기도 모르는 사이에 이야기꾼이 되어 있는 자신을 보게 될 것입니다.

(8) 먼저 부모가 이야기를 많이 알기

엄마 아빠가 이야기를 많이 알면 알수록 해줄 이야기도 많아 좋긴 한데 문제는 그게 말처럼 쉬운 일이 아니라는 겁니다. 요즘 엄마, 아빠들은 교육 경쟁에 내몰리기 시작하던 시기에 어린 시절을 보낸 세대입니다. 그러다보니 윗어른들에게 이야기를 직접 들으며 자란 경우가 많지 않습니다. 그렇다고 이야기책을 많이 보지도 못했습니다. 그러니 아이들에게 해줄 이야기 재료가 많지 않은 것은 당연합니다. 그렇다고 나 몰라라 손 놓고 있으면 안 되고 지금부터라도 틈틈이 이야기책을 읽어 내 아이에게 해줄 이야깃거리를 머릿속에 많이 저장해두어야 합니다.

(9) 해 줄 이야기에 대해 잘 알아야 하고, 구성은 단순한 것으로 고르기

이야기를 시작하는 초기에는 될 수 있으면 부모 자신이 잘 아는 이야기를 선택하는 것이 좋습니다. 그래야 이야기에 대한 자신감도 가질 수 있고, 또 바쁜 엄마 아빠가 좀 더 쉽게 이야기 내용을 파악할 수 있습니다. 그리고 이야기를 고르고 선택하는 시간을 절약할 수 있는 등 여러 장점이 있습니다.

이때도 내용은 단순 구성의 이야기를 선택해야 합니다. 아동문학은 소설, 희곡 등과 달리 구성이 단순하다는 점이 큰 특징입니다. 책을 읽어줄 때는 그나마 약간 복잡한 구성도 괜찮지만 말로 직접 해줄 때는 반드시 단순한 구성이어야 합니다.

복잡한 구성이란 현재→과거→현재→과거 등으로 시점, 사건 현장 등이 자주 바뀌는 구성을 말합니다. 소설은 이렇게 복합 구성인 경우가 많지만 아동문학은 과거 → 현재 → 미래 형식의 일직선 구조가 많습니다. 아이들에게는 이런 단순 구성이 이해와 재미 면에서 훨씬 유리하기 때문입니다.

3. 아이에게 이야기를 재미있게 하는 방법

세상에서 이야기를 싫어하는 아이, 아니 더 나아가 이야기를 싫어하는 사람은 없습니다. 사람들은 본능적으로 이야기를 좋아하는데 TV 일일드라마를 열심히 보는 이유도 이것 때문입니다.

옛날 원시시대 때부터 사람이 모이면 반드시 이야기가 있었습니다. 다만 그 표현 방식이 시대의 발전에 따라 변해왔을 뿐입니다. 원시시대 때는 하루 일과가 끝난 뒤 동굴 모닥불 곁에 모여 그날 있었던 사냥이야기와 선조들의 무용담을 들었고, 시간이 흐르자 이야기를 좀 더 실감나게 하기 위해 행동이 입혀져 탈춤, 마당극, 오페라, 연극 등으로 발전하였습니다. 그리고 더 발전하여 영화, 드라마 등으로 바뀌어 갔습니다. TV드라마에 열광하고, 천만 명이 넘는 관객이 드는 영화가 있는 이유는 사람들이 그만큼 이야기를 좋아하기 때문입니다. 당연히 우리 아이들 역시 이야기를 좋아합니다.

여기서는 실제 이야기를 아이에게 해줄 때 어떤 방식으로 하면 아이가 재미있어 하는지에 대한 여러 가지 방법을 알아보겠습니다.

(1) 글말과 입말은 다릅니다

아이에게 이야기를 해주기 위해서는 가장 먼저 글말과 입말의 차이에 대해 알아야 합니다. 특히 요즘 20~30대 부모들은 이야기를 '듣고' 자란 게 아니라 '읽고' 자란 세대이기 때문에 입말과 글말의 차이를 반드시 알아야 합니다.

흔히 이야기가 동화책에 쓰여 있는 방식은 글말입니다. 우리가 일상생활에서 사용하는 언어가 아닌 글로 표현할 때 사용하는 언어로 되어 있다는 뜻입니다. 그런데 아이들에게 글말로 이야기를 해주면 금방 싫증을 내며 "에이, 재미없어"라고 합니다. 왜냐하면 글말은 말하기 위한 도구가 아니라 '읽기' 위한 도구이기 때문에 생동감이 약합니다. 그러므로 아이들에게 이야기를 '말'해줄 때는 '~했습니다' 식의 글말이 아닌 '글쎄, 그게 그랬대잖니' 식의 입말로 바꿔줘야 합니다.

그리고 또 한 가지 주의할 점은, 직접 말로 해주는 이야기는 구연과는 또 다릅니다. 흔히 '구연동화' 라고 하는 이야기책 읽어주는 방식은 '문어체(글말)'를 '구연체'로 바꾸는 방식입니다. 책을 구연할 때 사용하는 말을 흔히 '구연체'라고 하는데 동화나 이야기책을 구연, 즉 말로 읽어줄 때 사용합니다. 책에 쓰인 문어체인 '~했습니다' 등을 '~했어요.' '~했대요.', '~했답니다' 식으로 바꿔 읽어주는 방식입니다.

이에 반해 말로 해주는 이야기는 구연동화 방식과는 또 다릅니다. 완전히 두 사람이 대화하는 방식으로 해주어야 합니다. 즉 구연체인 '~했답니다.', '~했대요'가 아니라 '~했다지 뭐니', '~했대 글쎄' 등으로 바꾸는 것입니다. 또 동화를 구연할 때는 문장 끝 종결어미를 존대어로 사용하는 것이 원칙이지만, 직접 이야기를 해주는 이야기꾼은 굳이 존대어를 사용할 필요는 없습니다. 그렇게 하면 오히려 친밀감이나 생동감이 약해집니다.

책에 쓰여 있는 글말(문어)은 두 가지를 입말(구어)로 바꿔야 하는데, 첫째는 어투(문투)를 바꾸는 것이고, 두 번째는 내용을 이야기하기 좋도록 개작하는 것입니다. 이 두 가지는 다음과 같은 방법으로 바꾸면 됩니다.

① 글말의 어투를 입말로 바꾸는 방법

세계 모든 나라가 그렇지만 특히 우리나라 언어는 책에 쓰인 글과 실제 사용하는 말에 차이가 많습니다. 지배층의 한자와 서민의 한글 사용층이 달랐다는 역사적, 문화적인 특성 때문입니다. 그래서 책에 쓰인 방식 그대로 읽어주면 아이들이 별로 재미없어 하고, 일상용어로 이야기를 해주어야 재미를 더 느낍니다. 이렇게 책에 쓰여 있는 말을 '글말(문어체)', 일상적으로 사용하는 말을 '입말(구어체)'이라고 할 수 있습니다.

요새는 내 아이를 위해 구연동화 강의를 듣는 부모도 많고, 일부러 구연동화 선생님을 모시는 경우도 많습니다. 그런데 구연동화는 아이들이 조금만 크면 썩 재미있어 하질 않습니다. 구연동화는 어떤 일정한 형식에 맞춰 꾸며서 하는 방식이라 현장감(생동감)이 많이 떨어지는 면이 있기 때문입니다. 그에 비해 옛날 할아버지, 할머니들이 겨울밤에 손자손녀들에게 해주던 이야기 방식은 완전한 입말 형식이라 아이들이 흥미진진하게 빠져들었습니다. 또 흔히 구연동화가들은 아이들의 인격을 존중

한다는 취지로 높임말을 사용하는 경우가 많습니다. 예를 들어 "자, 여러분 지금부터 제가 이야기를 해드릴께요. 옛날옛날에 백설공주가 살았어요" 이렇게 이야기를 하면 어딘지 친근감보다는 거리감이 느껴집니다. 그러므로 현재 하고 있는 구연동화 방법에 너무 얽매이지 말고, 부모가 먼저 이야기를 숙지한 뒤 평상시와 같은 어투와 언어로 이야기를 해주는 게 가장 좋습니다. 그래야 이야기하는 사람(엄마, 아빠)의 개성도 살아납니다.

글말의 대표적인 것이 말끝(어미)에 쓰이는 '~다, ~요, ~까, ~렴' 등으로, 예를 들면 '~했습니다. ~무엇일까요?, ~하렴' 등입니다. 이런 말들은 평상시 부모와 자녀 사이, 혹은 친한 사이에는 잘 사용하지 않는 말들이라 이야기해줄 때 사용하면 당연히 거리감이 느껴집니다. 이런 말들은 '~했대, ~뭘까?, ~하면 좋지' 등등 평소에 사용하는 말로 바꾸면 됩니다.

② 글말의 내용을 입말 내용으로 바꾸는 방법(개작)

앞에서 설명한 것은 '형식'이고 여기서 말하는 것은 '내용'으로, 책에 씌어있는 내용을 말로 이야기하기 좋도록 바꾸는 방법(개작)에 대해 알아보겠습니다.

책에 씌어 있는 내용은 이야기해주는 사람이 자신의 주변 상황에 맞게 얼마든지 바꿀 수 있습니다. 이걸 '개작'이라고 하는데 개작할 때 바꾸지 말아야 하는 부분도 있습니다.

- 큰틀의 줄거리를 바꾸면 안 됩니다. 예를 들어 〈백설공주〉 이야기에서 착한 백설공주와 못된 새 왕비를 못된 백설공주와 착한 새 왕비

방식으로 바꾸면 안 됩니다.

• 이야기에 들어 있는 기본 주제를 바꾸면 안 됩니다. 예를 들어 〈흥부와 놀부〉의 권선징악 주제를 '공부를 열심히 해야 흥부처럼 가난해지지 않는다' 식으로 바꾸면 안 됩니다.

이에 반해 바꿔도 되는 부분도 많습니다.

• 이야기의 배경 등을 아이들이 이해할 수 있게 바꿀 수 있습니다. 예를 들어 〈신데렐라〉에서 무도회에 참석한다는 내용을, 어린아이에게 '무도회'가 낯설 수도 있으므로 왕궁에서 하는 잔치에 참여한다는 식으로 바꿀 수 있습니다.
• 내용의 순서를 바꿀 수 있습니다. 예를 들어 〈백설공주〉에서 새 왕비가 처음에는 허리띠, 두 번째는 독 묻은 빗, 세 번째는 독이 든 사과를 들고 왔는데 이 중에서 첫 번째와 두 번째는 순서를 바꿔서 이야기해도 무방합니다. 다만 세 번째 독사과처럼 내용 전개에 꼭 필요한 순서까지 바꾸면 안 됩니다.
• 이야기에 등장하는 소도구, 물건 등을 바꿀 수 있습니다. 예를 들어 우리 옛이야기에 나오는 '낫'을 어린아이는 모를 수 있으니 칼이나 가위 등등 아이들이 쉽게 이해할 수 있는 도구로 바꿀 수 있습니다.
• 등장인물의 말투나 행동 방식을 바꿀 수 있습니다. 보통 말투나 행동을 바꾸는 이유는 '재미'를 위해서인데 사투리를 사용하게 하여 좀 더 실감나는 인물로 만들 수도 있습니다.

(2) 아이의 반응을 살펴 그때그때 이야기를 변화시킵니다

이야기꾼은 상황대처가 빨라야 합니다. 아이들이 하품을 하는데도 계속 이야기를 하면 안 되고, 반대로 아이들이 주먹을 불끈 쥐고 눈동자에 빛이 반짝이는 부분에서는 이야기를 멈추면 안 됩니다. 아이들 반응을 봐가면서 그때그때 이야기 내용을 바꿀 줄도 알아야 한다는 말입니다. 별로 재미없어 하는 부분은 짧게 지나가고, 좋아하는 기미가 보이는 부분에서는 과장되게 내용을 더 첨가할 수도 있습니다.

(3) 개연성에 얽매이지 않습니다

개연성이란 어떤 사건의 결과가 일어나게 되는 이유나 원인 등을 말합니다. 즉 이유 없이 주인공이 다치면 개연성이 없다고 합니다. 문학작품에서 주인공이 다치기 위해서는 다칠 수밖에 없는 이유를 미리 만들어주어야 합니다. 현실의 일상생활에서는 길을 가다가 옥상에서 벽돌이 우연히 떨어져 다칠 수도 있습니다. 하지만 동화나 소설 등 픽션 문학작품에서는 옥상에서 벽돌이 떨어지기 위해서는 미리 그 벽돌이 떨어질 만한 필연적인 이유를 독자들에게 이해시켜야 합니다. 이것을 '개연성'이라고 합니다.

보통 동화 '책'에서의 이야기는 개연성이 중요합니다. 동화 공모전에서 수상작을 뽑는데 절대적인 기준이 되기도 합니다. 하지만 말로 해주는 이야기에서는 개연성보다는 스토리 전개가 더 중요합니다. 일부러 개연성을 만들려다보면 설명과 묘사가 많아져 이야기에 재미가 없어집니다. 그러니 말로 이야기를 해줄 때는 개인성에 너무 연연해하지 말고 스토리만 진행해 나가도 됩니다.

(4) 주제(교훈)를 강조하지 말고 스토리를 따라가야 합니다

이 부분은 지금 30대 부모 세대에게는 아주 중요한 내용입니다. 그 나이대의 부모들은 사교육 열풍 등 경쟁 위주의 시기에 학교생활을 했기 때문에 자연스럽게 '공부'와 연관된 교육을 많이 받았습니다. 즉 문학으로서의 이야기를 대할 때 그 이야기가 내포하고 있는 '공부적'인 면에 치우칠 수 있다는 의미입니다. 그래서 이야기에서도 그냥 스토리만으로 만족하는 게 아니라 그 이야기 품고 있는 교육적인 요소, 즉 주제 등을 가르치려 하는 경향이 있을 수 있습니다.

이야기는 이야기일 뿐입니다. 그냥 재미있으면 됩니다. 재미를 느끼다보면 교훈은 자연스럽게 드러납니다. 또 이야기를 들은 모든 아이들이 획일적으로 똑같은 교훈을 느껴야 하는 법도 없습니다. 그 이야기를 듣고 어떤 아이는 '착한 일을 해야겠다'고 느낄 수 있고 어떤 아이는 '거짓말에 속지 말아야겠다'고 느낄 수 있습니다. 그런데 이야기하는 사람이 "이 이야기의 교훈은 착하게 살아야 한다란다" 라고 정해주면 다르게 느낀 아이는 혼란스러울 수 있습니다. 그러므로 굳이 교훈(주제)을 콕 집어내어 알려줄 필요는 없습니다.

(5) 내용에 따라 말투를 다르게 합니다

동화책의 내용을 보면 지문, 대화, 흉내(의태어, 의성어) 등으로 이루어져 있습니다. 동화책 내용을 입말로 이야기할 때 이런 각 부분들의 말투를 다르게 해주면 재미있어집니다. 그러니까 지문은 일상 설명처럼 평범하게, 대화나 흉내(의태어, 의성어 등)는 지문과는 다른 톤으로 말합니다. 예를 들어 '아침이 되었다고 닭이 꼬끼오 하고 힘차게 울었다'는 부분이라면 다른 부분은 일상처럼 설명하고 '꼬끼오' 부분에서 큰소리로 말하는 방식입니다. 또 대화 형식도 만약 '할아버지와 말썽꾸러기 손자가 대화' 하는 장면이라면 할아버지 목소리는 할아버지 스타일로, 손자는 말썽꾸러기 아이 목소리로 하는 것이 좋습니다. 그리고 이야기 상황에 맞게 말에 감정을 넣어주어도 좋습니다. 예를 들어 늑대에게 쫓기는 상황이라면 말의 속도를 빨리해서 긴장감을 주고, 편안하게 잠을 자는 상황이라면 말소리를 조용하고 느리게 해줍니다.

(6) 단어에 리듬을 넣어 반복합니다

언어에서 리듬이란 말에 맛을 입히는 작업입니다. '옛날 어떤 나라에 왕자님이 살고 있었대' 보다는 '옛날옛날에 멀고 먼 어떤 나라에 멋지고 멋진 왕자님이 살고 있었대'라고 하면 같은 말의 반복과 글자 수에 의해 리듬이 생깁니다. 또 간단하게 옛날 우리 시조를 떠올려보면 리듬이 어떤 것인지 알 수 있습니다. 보통 글자 수가 3, 4, 3, 4 등으로 반복될 때 리듬이 생깁니다.

특히 의성어나 의태어를 자주 사용하면 저절로 말에 리듬이 생깁니다. 의성어란 소리를 흉내낸 말로 말발굽 소리가 '따가닥 따가닥' 들린다와 같은 말이고, 의태어란 모양을 흉내낸 말로 주름이 '쭈글쭈글' 많다와 같은 말입니다. 흔히 의성어와 의태어는 같은 말을 반복되는 형태라 리듬이 있어 아이들이 아주 좋아합니다.

(7) 표정 연기를 합니다

이야기를 해줄 때 몸짓언어(body language)는 너무 자주 사용하면 부작용이 있지만 표정언어는 많이 사용할수록 좋습니다. 왜냐하면 아이들은 이야기를 하는 사람 얼굴을 계속 쳐다보는데 이때 이야기하는 사람의 표정은 말로 하는 내용을 훨씬 더 실감나게 전달해주는 역할을 하기 때문입니다.

사람의 표정은 일반인들이 생각하는 것보다 훨씬 더 많은 의미를 전달하고 그 효과 또한 말로 하는 언어보다 더 강력합니다. 예를 들어 입으로는 칭찬하면서 잔뜩 찡그린 표정을 지으면 그 말을 칭찬으로 받아들이는 사람은 없을 겁니다. 또 입으로는 욕을 하면서 활짝 웃는 표정이면 상대방은 장난으로 받아들이기 쉽습니다. 그런 이유로 이야기를 해줄 때는 내용 상황에 맞게, 그리고 등장인물의 성격에 맞게 표정을 지어주어야 합니다. 무서운 인물을 말하면서 생글생글 귀여운 표정을 지으면 이야기의 전달력도 떨어질 뿐 아니라 듣는 아이가 혼란스러워할 수 있습니다.

사람이 다른 동물과 다른 점 중 하나는 얼굴의 표정언어가 매우 발달

했다는 점입니다. 우리가 표정으로 나타낼 수 있는 감정은 생각보다 많습니다. 기쁨, 슬픔, 불안, 초조, 분노, 두려움, 놀람, 실망, 용기, 자신감, 힘듦, 음흉, 존경심, 짜증, 교만, 겸손, 호기심 등등 외에도 많은데, 이야기꾼은 거울을 보며 각 감정에 맞는 표정연습을 하면 좋습니다.

이처럼 표정은 입으로 하는 언어 이상의 의미전달 효과가 있어 많이 자주, 그리고 잘 사용해야 합니다. 그리고 이야기꾼은 자신감 있는 표정을 지어야 듣는 사람이 심리적으로 편안함을 느낍니다.

(8) 몸짓언어(body language)를 활용합니다

이야기를 할 때 말과 표정 연기만 해도 그런대로 괜찮기는 하지만 무언가 빠진 것 같은 느낌이 듭니다. 그 빠진 느낌을 보충해주는 방법이 몸짓언어(body language) 입니다. 몸짓언어란 몸으로 표현하는 언어를 말하는데 몸통을 포함해 손짓, 발짓, 고개짓 등이 있습니다. 예를 들어 "아주 아주 커다란 호랑이가 살금살금 나타났는데 발톱이 엄청나게 컸어" 라고 이야기를 하면서 양팔을 최대한 벌려 "발톱이 이이이이따만했대" 라고 하면 훨씬 실감나며 재미가 있습니다.

그밖에도 "저기저기 멀리서" 라고 할 때 저쪽으로 손가락질을 할 수 있고, 갑자기 좋은 생각이 났을 때 손바닥으로 무릎을 탁 치며 "옳지" 혹은 "아하" 라고 할 수 있습니다. '하지 마' 라든가 '안 돼' 를 말할 때는 손바닥을 앞으로 해서 좌우로 흔들어주고, 무언가 결심할 때는 주먹을 불끈 쥐어볼 수 있습니다. 빨리 달린다고 할 때는 앉은 자세에서 팔을 앞뒤로 빠르게 흔들고, 할머니를 표현할 때는 허리를 구부리고, 일을 너무 많이 해 허리가 아프다고 할 때는 허리를 톡톡 치고, 무언가 잘 기억나지 않을 때는 고개를 갸우뚱할 수 있습니다.

하지만 이야기를 해줄 때 몸짓언어는 약간 모자란다 싶을 정도로만 사용해야 합니다. 몸짓언어는 동작이 커서 이야기를 듣는 아이의 시선을 쉽게 빼앗아 아이의 주의를 산만하게 만들기 때문입니다. 또한 몸짓언어가 많아지면 은연중에 가벼운 이야기라는 느낌을 주기도 합니다.

(9) 이야기 중에 아이와 대화를 나눕니다

사람들은 영화를 좋아하기도 하고, 또 연극이나 마당극을 좋아하는 사람도 있습니다. 연극을 좋아하는 사람들에게 왜 좋아하냐고 물어보면 배우들과 직접 대화를 할 수 있어서라는 대답을 많이 합니다.

이야기를 해줄 때도 이와 같은 장점을 살릴 수 있습니다. 이야기를 하는 도중에 주인공이 악한 때문에 위험한 상황이 되었을 때, 예를 들어 노파로 변장한 새 왕비가 백설공주에게 독사과를 내미는 급박한 장면에서 아이에게 "○○ 야, 지금 못된 새 왕비가 먹으라고 주는 독사과를 너라면 어떻게 하겠니?" 등등을 물어보면 아이를 이야기 안에 동참시키는 효과도 있습니다. 즉 이렇게 대화를 나누면서 이야기를 하다보면 아이가 TV 만화영화를 볼 때와는 전혀 다른 뇌 작용이 생깁니다. 즉 멍하게 스토리만을 따라가는 것이 아니라 이야기 속으로 들어와 이야기의 등장인물과 감정적인 결합을 하여 간접경험 효과가 극대화됩니다. 또 다른 장점은,

이야기를 해주는 사람과 아이 사이가 급속도로 가까워져 매우 강력한 친밀감을 느끼게 해줍니다.

하지만 여기서도 주의해야 할 점은, 스토리 진행에 방해가 될 정도로 자주 대화를 시도하면 안 됩니다. 그렇게 하면 스토리 진행이 중간에 끊기는 상황이 발생해 아이가 이야기에 집중하지 못해 이야기가 재미없다고 느낄 수 있습니다. 그러니 이야기하는 도중에 전개가 느슨해지는 부분, 아이가 궁금해할만한 부분, 선택을 해야 하는 부분 등에서 자연스럽게 "너라면 여기서 어떻게 할 것 같아?" 식으로 아이를 이야기 속으로 들어오게 해주는 방식이 좋습니다. 이때도 아이를 이야기 속으로 너무 깊숙이 들어오게 하면 안 되고 아이가 주인공의 행동에 조언하는 식의 가벼운 참여가 바람직합니다.

(10) 아이의 눈을 보며 이야기합니다

이야기꾼의 시선은 몸짓언어(body language)만큼 중요한데, 이 시선에 따라 아이들이 마음상태가 바뀌기도 합니다. 즉 이야기꾼의 시선이 불안정하게 이곳저곳을 헤매면 듣는 아이들도 똑같이 불안해하며, 시선을 한곳에만 계속 고정시키면 이 또한 아이에게 불안한 감정을 갖게 만듭니다. 그러므로 시선은 자연스럽게 아이의 눈에 고정시키되 몇 초 간격으로 얼굴 전체로 이동하거나, 혹은 듣는 아이들이 2명 이상일 때는 모두에게 골고루 시선을 나누어주는 것이 좋습니다.

4. 이야기를 끝내고 할 일

이 책에서도 각 본문의 끝부분에 '이야기한 뒤에' 라는 부분이 있는데 기존의 책과는 조금 다른 부분이 있습니다. 기존의 비슷한 책들은 '이 책을 읽고 느낀 점은 무엇인가요?' 등을 묻지만 이 책에서는 그런 내용은 없습니다. 이야기를 듣고 난 뒤 마치 비평가처럼 그 이야기에 대해 따지게 되면 이야기를 해준 효과가 줄고, 또 아이들에게 이야기를 듣고 나면 '공부'를 해야 한다는 반발심을 심어주어 이야기를 싫어하게 만들 수도 있습니다.

하지만 이야기 들은 소감을 간단하게, 예를 들어 '재미있었어? / 네(혹은 아니오) / 어떤 부분이 재미있어? (혹은 왜 재미가 없었을까?)' 등과 같은 생각은 서로 나누는 것이 좋습니다. 그래야 이야기 듣기실력이나 대화능력도 늘고, 무엇보다 방금 들은 이야기에 대해 보다 깊게 사유할 기회를 만들어줍니다.

보통 이야기를 끝낸 뒤에 다음과 같은 점을 염두에 두면 무난합니다.

① 이야기는 이야기로 끝냅니다

이야기를 공부와 연관시키려 하면 모두가 불행해집니다. 이야기를 다 해준 뒤 이 이야기의 주제가 무엇이고, 배울 점이 무엇이며, 앞으로 해야 할 일은 무엇인지 등등을 아이에게 물어보면 안 됩니다. 그것은 아이를 공부로 이끌어 이야기 자체에 대한 거부감을 갖게 만드는 원인입니다. 나는 개인적으로 현재 학교에서 시행하는 동화책을 읽고 독후감 쓰는 행위도 아주 안 좋게 생각합니다. 이야기를 재미가 아닌 공부와 연결시키려는 그런 억지 행위가 아이들이 고학년이 되어갈수록 동화책을 싫어하게 만들기 때문입니다.

② 아이와 함께 그 이야기에 대한 뒷담화를 합니다

아이가 방금 들은 이야기에서 기억에 남는 등장인물이 되어, 만약 아이가 그 등장인물이라면 그 상황에서 어떻게 하겠다는 식의 상상을 부모와 함께 해볼 수 있도록 분위기를 만들어줍니다. 또 방금 들은 이야기에 대해 무슨 말이든 아이 자신의 생각이나 의견을 자유롭게 말할 수 있도록 만들어주어야 합니다. 재미없다고 하면 왜 재미가 없었는지에 대해 대화를 나누어볼 수도 있습니다. 또 미운 인물이 있으면 함께 그 인물의 흉을 보아도 좋습니다. 흉을 보다 보면 아이랑 낄낄거리고(?) 있는 자신을 발견할 것입니다.

③ 이야기의 뒷부분 연결시키기
혹은 기억에 남는 부분 그림그리기

이 방식은 슬로리딩 독서 방법 중 하나인데 이야기를 한 후에 적용해도 좋은 방법입니다. '슬로리딩'이란 문학 책 한 권을 심도 있게 읽는 독서법으로, 일본에서 이 방법으로 공부한 학생들 대부분이 일본 최고의 대학에 진학했을 뿐만 아니라 현재 일본을 이끄는 지도자들이 되어 있다고 합니다. 이렇듯 효과가 좋기 때문에 우리 아이들에게도 적용해 볼 수 있습니다. 아이에게 이야기를 해준 뒤, 이번에는 아이가 그 이야기 뒷부분을 계속해서 연결시키기는 방식입니다. 단, 이 방법은 놀이 형식으로 해야 합니다. '꼭 해야 된다'는 식으로 강요하면 절대로 안 됩니다.

방법은, 서양이나 우리나 옛이야기 대부분은 '아들 딸 낳고 부자로 오래오래 행복하게 잘 살았대'가 결론입니다. 그런데 이야기를 해주는 부모가 일부러 그런 결말은 이야기하지 말고 '괴물을 물리치고 공주를 구한 뒤 집으로 돌아왔대' 등 여운을 남기는 식으로 이야기를 끝냅니다. 그런 뒤 아이와 함께 그 뒷이야기를 상상해보는 방식입니다.

예를 들어 〈흥부와 놀부〉에서 부자가 된 흥부와 벌을 받아 망한 놀부 이야기를 해준 뒤, 그 다음을 아이에게 "그런데 말야. 흥부와 놀부는 그 다음에 어떻게 되었을까?" 라고 물어보는 방식입니다. 아이가 대답을 못하면 "내 생각에는 아마 놀부가 잉잉 울면서 흥부를 찾아왔을 것 같애" 라고 유도할 수도 있습니다. 그런 뒤 "그럴 때 흥부는 어떻게 했을까?" 라고 다시 물어봅니다. 하여튼 아이가 어떤 내용을 연결시키든 혹은 연결시키지 못하든 잘하고 못하고가 없습니다. 그냥 놀이처럼 재미로 해보면 됩니다.

다음은 간단한 그림 그리기입니다. 백지와 연필을 가져다놓고 방금 해준 이야기에서 기억에 남는 장면을 그림으로 그려보는 것입니다. 부모와 아이가 모두 함께 하는 것이 가장 좋지만 아이 혼자 해도 괜찮습니다. 자주하면 상상력을 이미지화시키는 연습이 저절로 됩니다. 이때 주의할 점 몇 가지는 다음과 같습니다.

- 그림 그리기는 이야기를 모두 듣고 난 뒤에 하는 것이 좋습니다. 줄거리를 다시 기억하는 연습도 되고 또 줄거리를 모두 듣고 난 뒤 들었던 장면을 회상해 그리는 것이 체계적인 상상력 훈련이란 면에서 더 좋기 때문입니다.

- 대부분의 동화나 이야기책에는 삽화가 들어 있는데 이런 삽화 등은 아이들에게 미리 안 보여주는 것이 좋습니다. 그래야 본인의 상상력이 커집니다.
- 정식으로 색칠을 하면서 그리는 것보다 낙서하듯 간단간단하게 그려보는 것이 더 좋습니다. 어디까지나 그림 그리는 놀이기 때문에 색칠까지 하면 공부로 변질될 확률이 커지기 때문입니다.

5. 내 아이에게 해줘서는 안 되는 이야기들

엄마, 아빠들이 알고 있을 정도로 전해오는 유명한 옛이야기나, 책으로 출판되어 있는 이야기 대부분은 이미 검증이 된 내용이기 때문에 아이들에게 도움이 됩니다. 하지만 개중에는 상업적인 면에 치우쳐 변질된 이야기가 있을 수 있으므로 주의할 필요도 있습니다. 물론 그런 내용은 엄마, 아빠가 내용을 먼저 보고 이야기를 해주는 이런 방식에서는 걸러지기 때문에 걱정할 필요는 없을 것입니다. 여기서는 다만 부모들의 판단을 돕기 위해 기본적인 기준 몇 가지만 말하겠습니다.

① 폭력적, 선정적인 내용은 피합니다

원래 원본 이야기가 그렇다거나, 요즘 아이들은 알 거 다 안다는 식, 혹은 세상의 실상을 미리 알려줘야 한다는 설익은 개방성으로 아이들을 대하면 안 됩니다. 수많은 색이 덧칠해진 종이에 검은 잉크 몇 방울이 떨어진다 해도 티가 안 나지만, 하얀 백지에는 한 방울의 잉크만 떨어져도

확연하게 눈에 띄고 그 잉크 얼룩의 충격은 평생의 트라우마가 되기도 합니다. 아이들의 정서는 하얀 백지와 같아서 그곳을 색칠해나갈 때는 조심스럽고, 될 수 있으면 밝은 색부터 칠해가는 것이 좋습니다. 바탕이 밝으면 탁한색이 아무리 덧입혀져도 한 껍질만 벗겨보면 환한색이 드러나기 때문입니다.

② 외래어, 어려운 낱말, 비속어 등은 사용하지 않습니다

이야기를 해주면서 영어공부도 시키겠다는 생각으로 일부러 이야기 중간중간에 영어 단어를 넣어 이야기하는 부모도 봤습니다. 하지만 별로 좋은 방법이 아닙니다. 이야기를 해주는 목적이 '재미'이기 때문에 굳이 재미를 분산시키는 행위는 하지 않는 것이 좋습니다. 엄마 아빠가 해주는 이야기를 듣는 데서 아이가 재미를 못 느끼게 되면 문제가 더 커집니다. 지금 당장 공부 좀 시키겠다는 욕심 때문에 아이가 평생 동안 사용할 '이야기=재미' 라는 인식을 영영 못하게 된다는 말입니다.

또한 어려운 낱말이 나오면 아이 수준에 맞는 쉬운 낱말로 풀어줘야 합니다. 이야기를 하는 동안 한두 개는 정도는 괜찮지만 계속해서 아이가 이해하지 못하는 어려운 낱말이 나오면, 아니는 '이야기=어렵다' 고 느끼게 되고, 그런 경험이 한두 번만 반복되면 아이가 이야기를 싫어할 수도 있습니다.

그 외에 비속어도 사용하지 말아야 합니다. 재미를 위해, 현장감을 위해, 또 요즘 아이들이 그 정도는 다 사용하기 때문에 라는 생각으로 이야기 중에 비속어를 사용하면 안 됩니다. 엄마 아빠의 권위가 떨어지는 것은 둘째치고, 아이가 아무런 가책 없이 그 말들을 사용하게 됩니다.

다시 한 번 말하지만 엄마 아빠가 해주는 이야기는 어른들이 생각하는 것보다 아이에게 훨씬 더 많이 그리고 오래 기억되며, 훨씬 많이 가치관에 영향을 끼치고, 어쩌면 아이에게 평생 동안 판단의 기준이 될 수도 있습니다.

아이에게 강요해서 얻을 수 없는 게 두 가지가 있습니다. 첫째는 사랑이고, 둘째는 존경입니다. 그런데 그 두 가지를 한꺼번에 할 수 있는 방법이 있습니다. 바로 아이와 눈을 마주보며 이야기를 많이 나누는 것입니다.

엄마 아빠는 이야기꾼
날마다 세계명작

펴낸날 2016년 11월 28일 초판 1쇄

지은이 김지영
펴낸이 모이현
펴낸곳 고래북스

주소 서울시 마포구 대흥로18가길 14
전화 (02)707-2454
팩스 (02)707-2459
E-mail goraebooks@hanmail.net
등록 제10-2406호
ISBN 979-11-86414-04-0 03370

· 책값은 뒤표지에 있습니다.
· 파손된 책은 구입처에서 교환해드립니다.